Fritz Jansen · Uta Streit · Angelika Fuchs

Schreiben lernen nach dem IntraActPlus-Konzept

auch für Förderschule und Legasthenie-Therapie

Heft 2

Fritz Jansen
IntraActPlus
Neuried, Deutschland

Uta Streit
IntraActPlus
Neuried, Deutschland

Angelika Fuchs
Jork, Deutschland

ISBN 978-3-662-71254-2

Die Deutsche Nationalbibliothek verzeichnet diese Publikation in der Deutschen Nationalbibliografie; detaillierte bibliografische Daten sind im Internet über ▶ https://portal.dnb.de abrufbar.

© Der/die Herausgeber bzw. der/die Autor(en), exklusiv lizenziert an Springer-Verlag GmbH, DE, ein Teil von Springer Nature 2025

Das Werk einschließlich aller seiner Teile ist urheberrechtlich geschützt. Jede Verwertung, die nicht ausdrücklich vom Urheberrechtsgesetz zugelassen ist, bedarf der vorherigen Zustimmung des Verlags. Das gilt insbesondere für Vervielfältigungen, Bearbeitungen, Mikroverfilmungen und die Einspeicherung und Verarbeitung in elektronischen Systemen.
Die Wiedergabe von allgemein beschreibenden Bezeichnungen, Marken, Unternehmensnamen etc. in diesem Werk bedeutet nicht, dass diese frei durch jede Person benutzt werden dürfen. Die Berechtigung zur Benutzung unterliegt, auch ohne gesonderten Hinweis hierzu, den Regeln des Markenrechts. Die Rechte des/der jeweiligen Zeicheninhaber*in sind zu beachten.
Der Verlag, die Autor*innen und die Herausgeber*innen gehen davon aus, dass die Angaben und Informationen in diesem Werk zum Zeitpunkt der Veröffentlichung vollständig und korrekt sind. Weder der Verlag noch die Autor*innen oder die Herausgeber*innen übernehmen, ausdrücklich oder implizit, Gewähr für den Inhalt des Werkes, etwaige Fehler oder Äußerungen. Der Verlag bleibt im Hinblick auf geografische Zuordnungen und Gebietsbezeichnungen in veröffentlichten Karten und Institutionsadressen neutral.

Gestaltung/Layout: Matthias Heid, Neuried

Planung/Lektorat: Joachim Coch
Springer ist ein Imprint der eingetragenen Gesellschaft Springer-Verlag GmbH, DE und ist ein Teil von Springer Nature.
Die Anschrift der Gesellschaft ist: Heidelberger Platz 3, 14197 Berlin, Germany

Wenn Sie dieses Produkt entsorgen, geben Sie das Papier bitte zum Recycling.

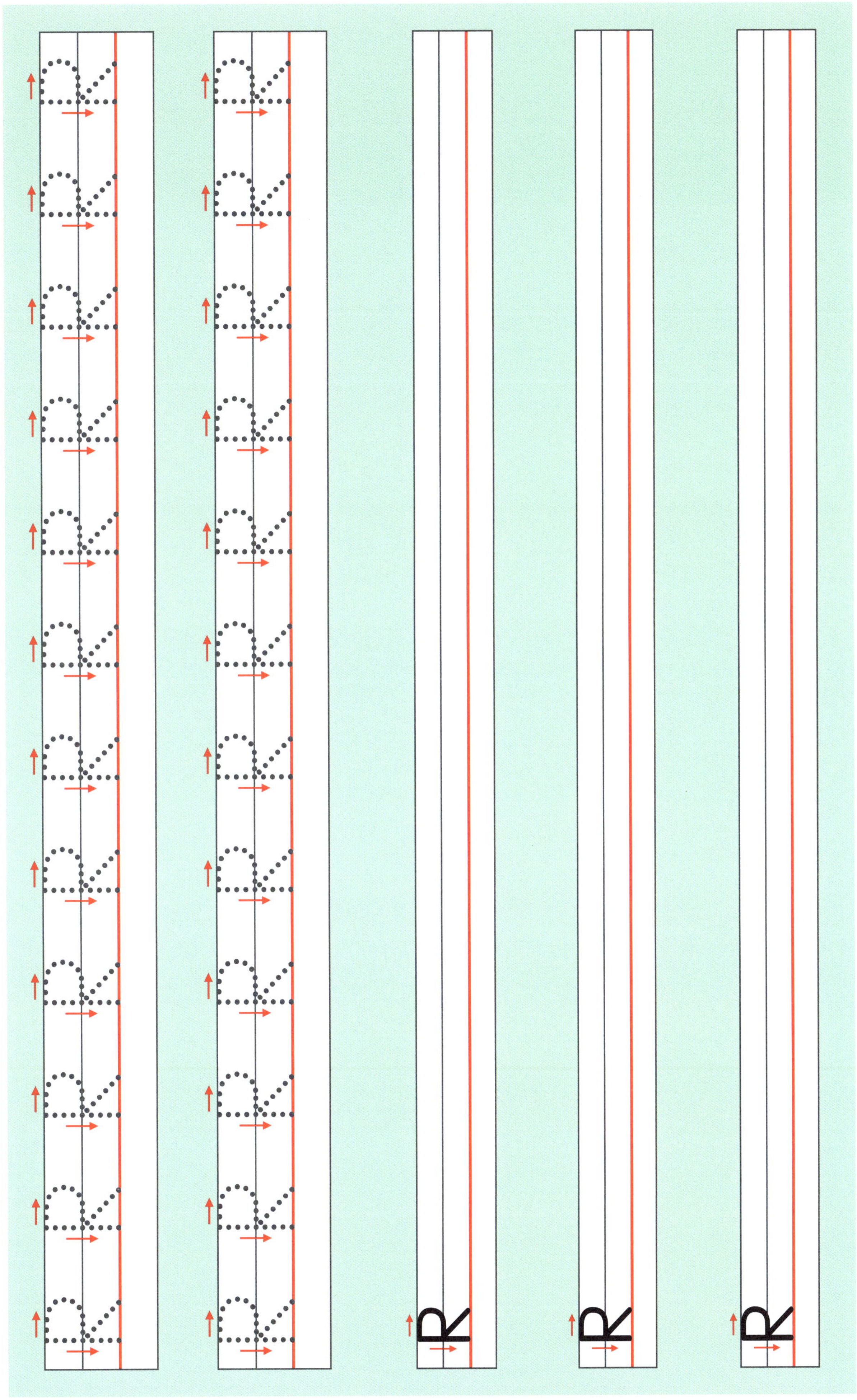

Buchstaben schreiben

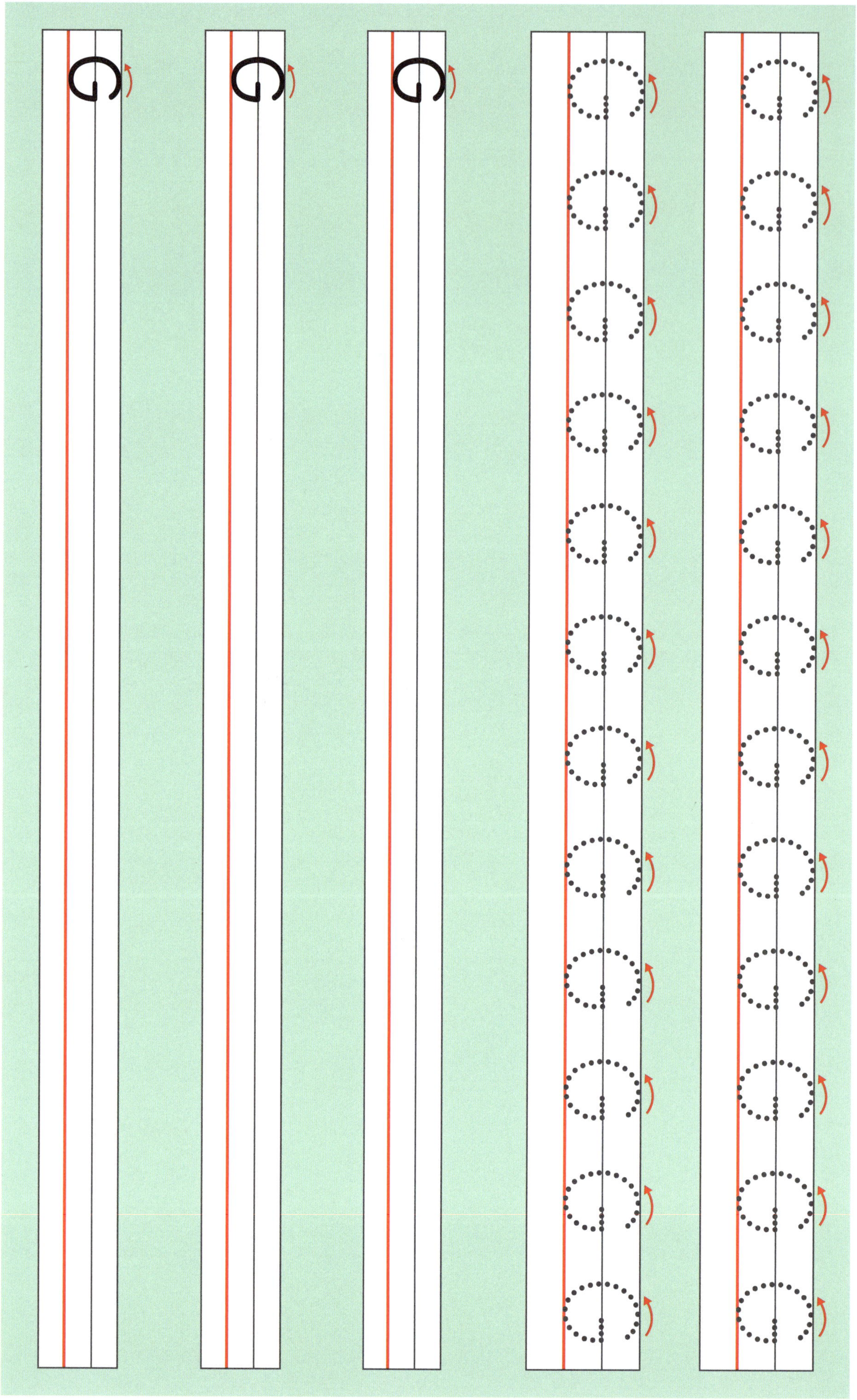

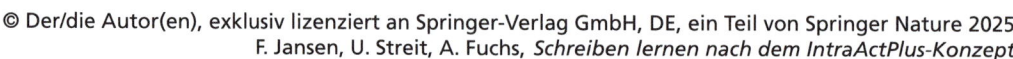

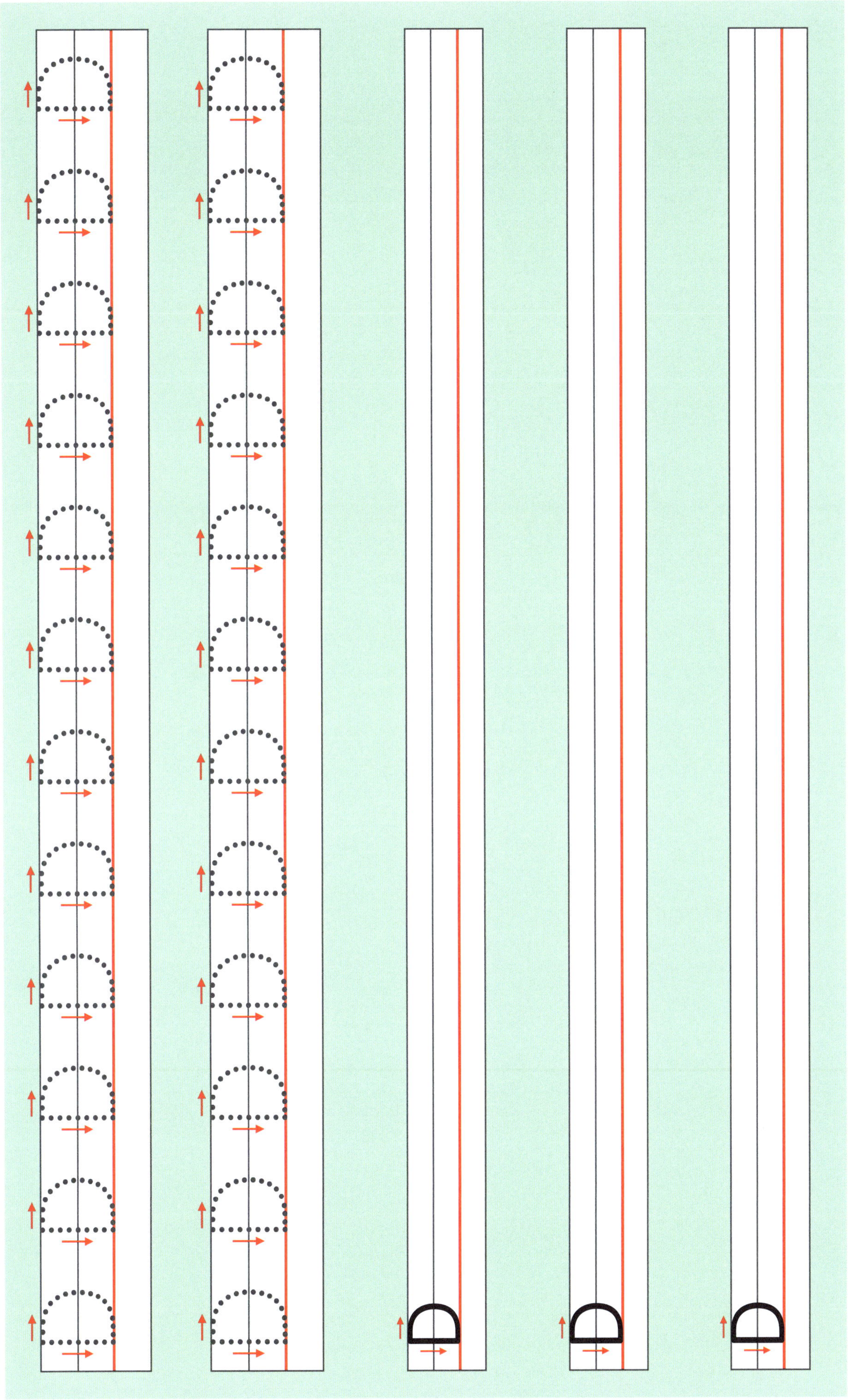

Buchstaben schreiben

3

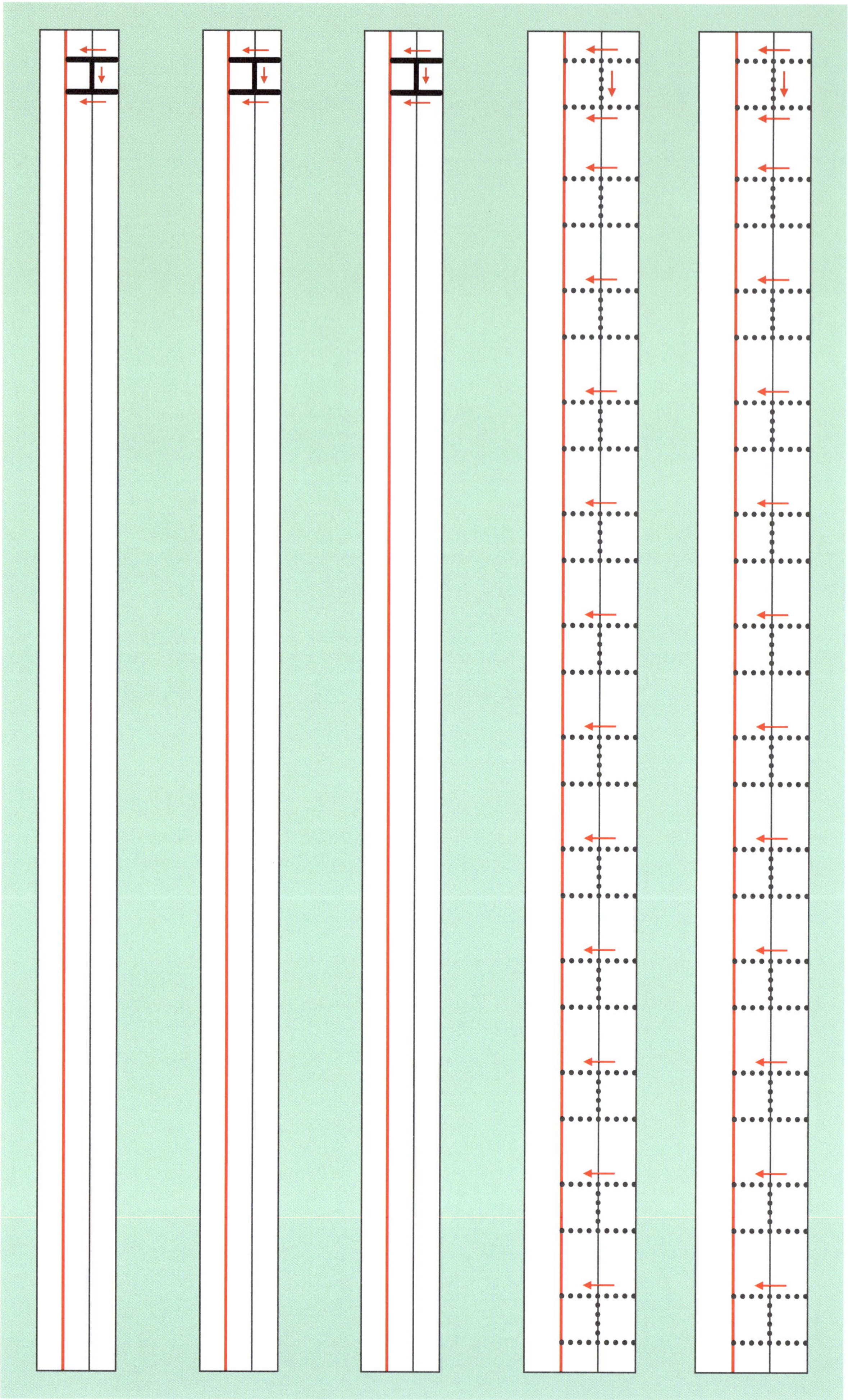

Buchstaben schreiben

lesen · abdecken · schreiben

| R | G | D | H | R |

lesen · abdecken · schreiben

Diktat vorlesen · prüfen

1	R	R	O	R	O	R	R	O	R
2	G	G	L	G	L	G	G	L	G
3	D	D	U	D	U	D	D	U	D
4	R	G	G	R	G	G	R	R	G
5	D	H	D	D	H	D	D	H	H

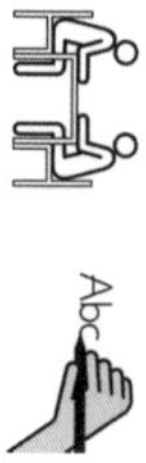

Diktat schreiben

lesen • abdecken • schreiben

RA

GO

RI

GU

GA

DO	HO	DA	HA	HU

lesen • abdecken • schreiben

Diktat vorlesen · prüfen

1	RA	RI	RO	RI	RA	RO
2	GO	GI	GA	GU	GA	GO
3	DO	HO	DU	HU	DA	HA
4	DO	BO	DU	BU	BO	DU
5	DA	BA	BE	DE	BE	DA

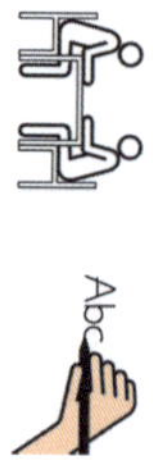

Diktat schreiben

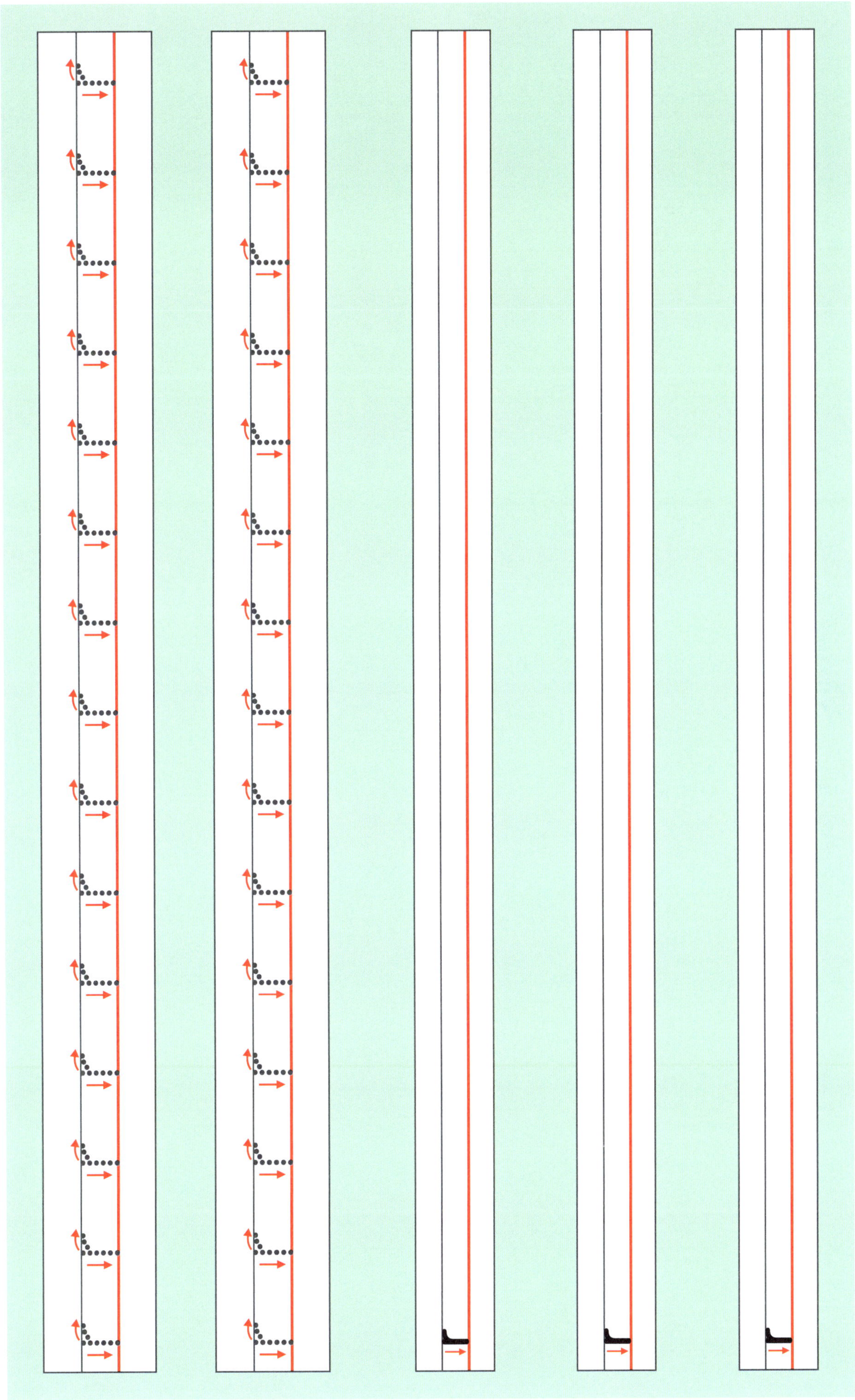

Buchstaben schreiben

13

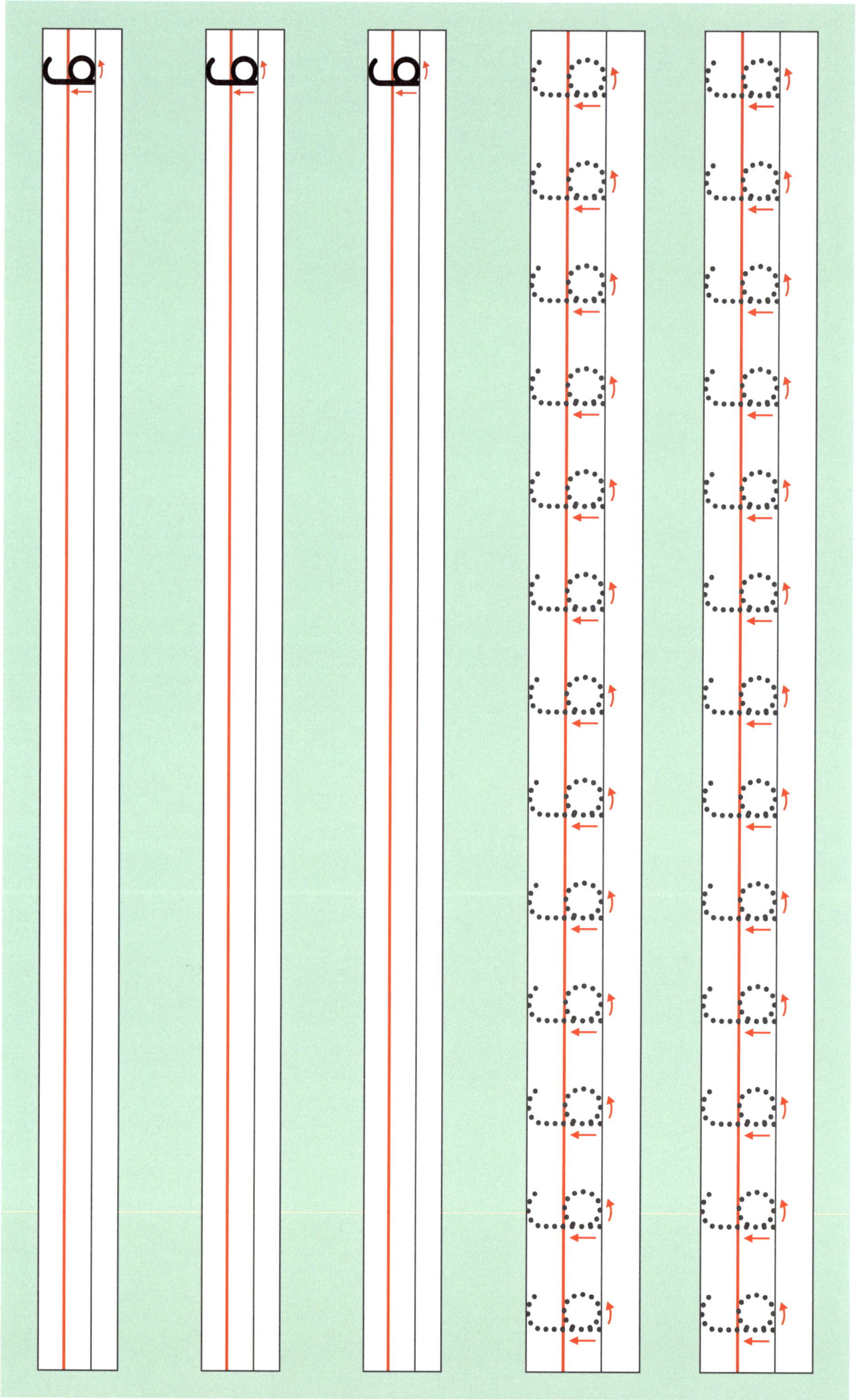

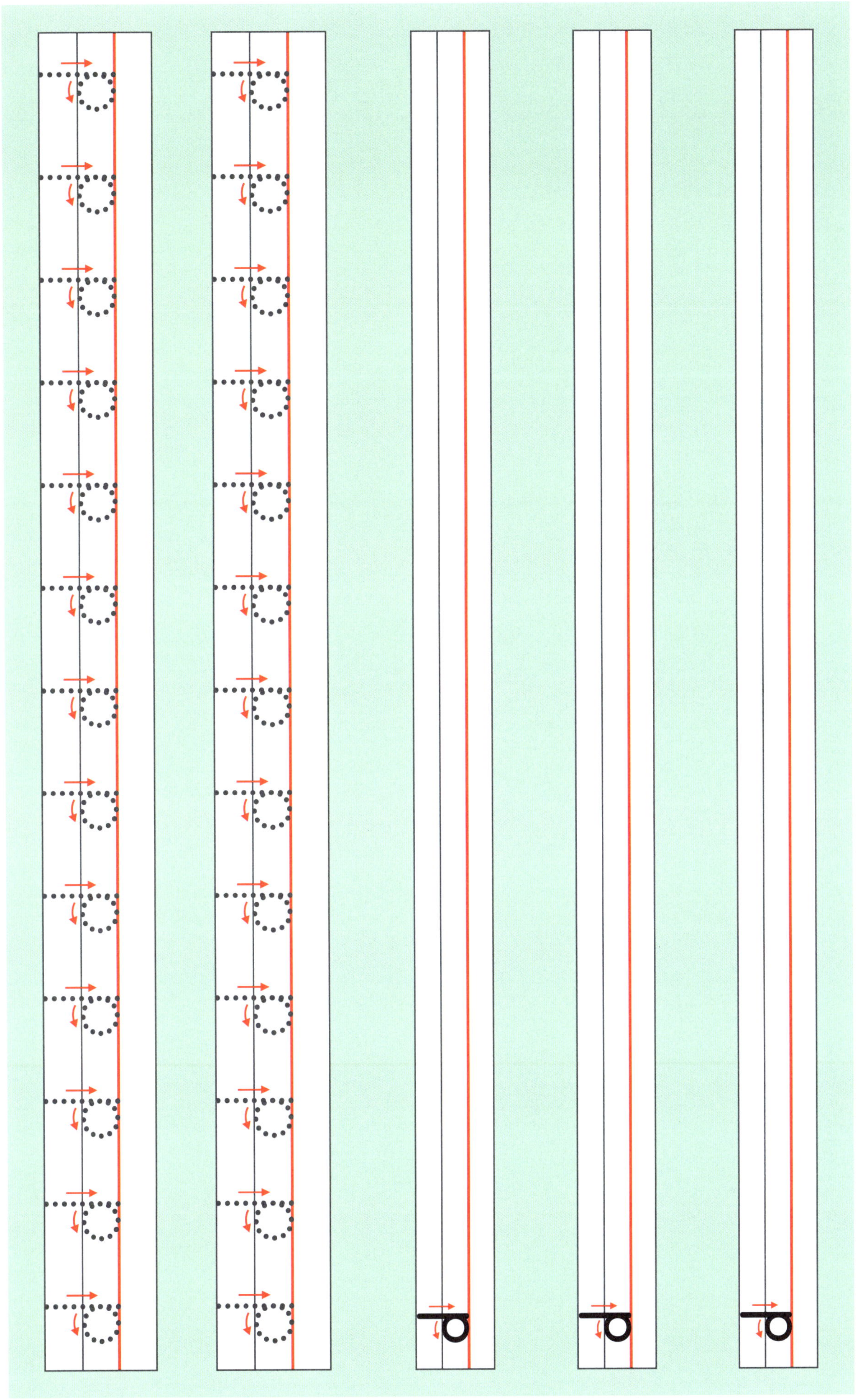

Buchstaben schreiben

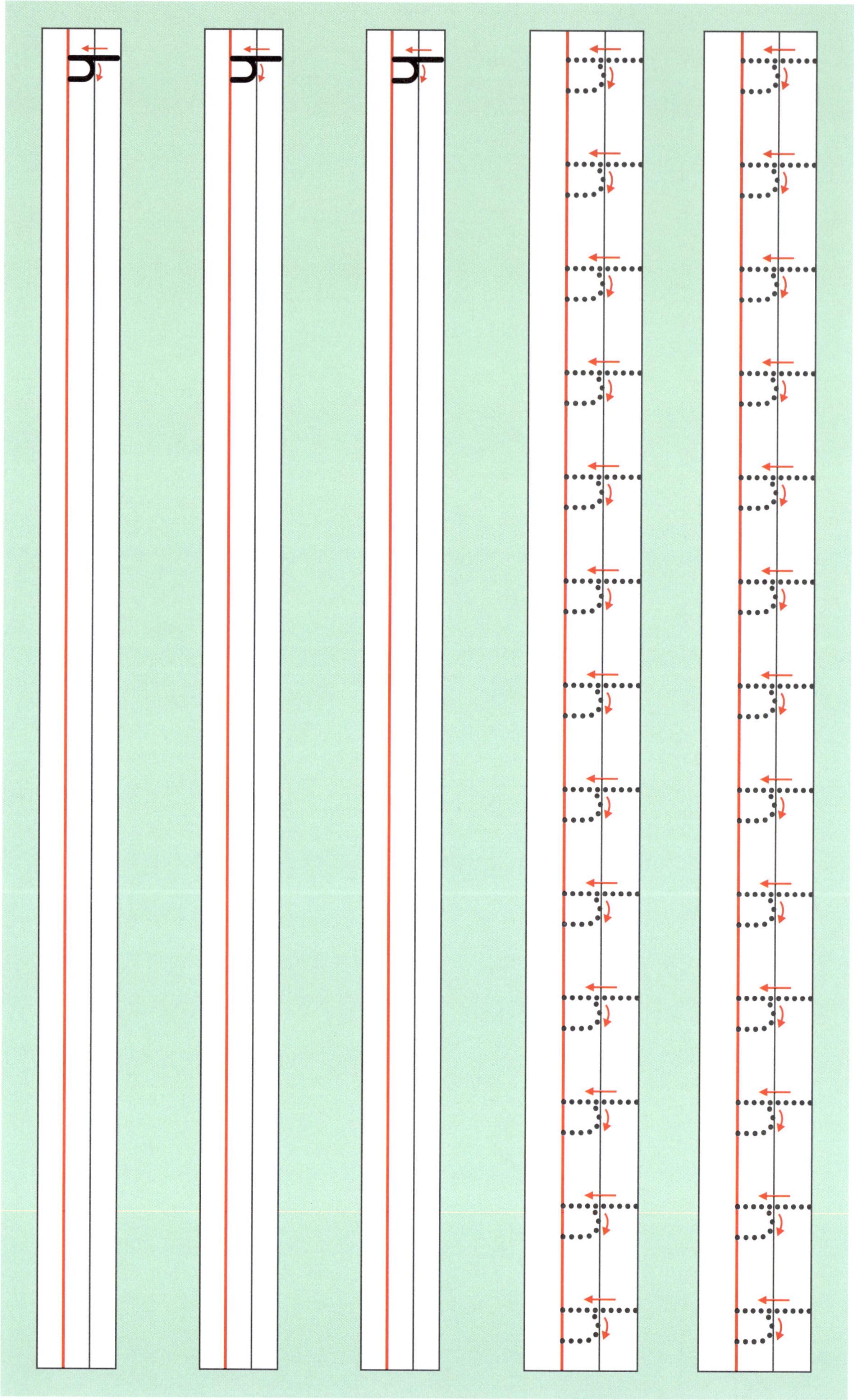

Buchstaben schreiben

lesen · abdecken · schreiben

r g p g h

lesen · abdecken · schreiben

d

h

d

g

r

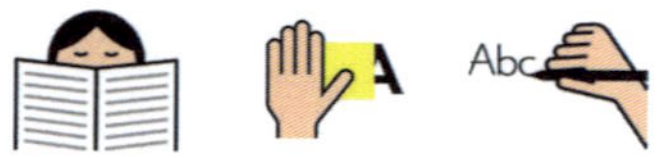

Diktat vorlesen · prüfen

1	r	r	o	r	o	r	r	o	r
2	g	g	r.	g	r.	g	g	r.	g
3	p	p	u	p	u	p	p	u	p
4	g	r	g	r	g	g	r	r	r
5	p	h	h	p	h	p	h	h	p

Diktat schreiben

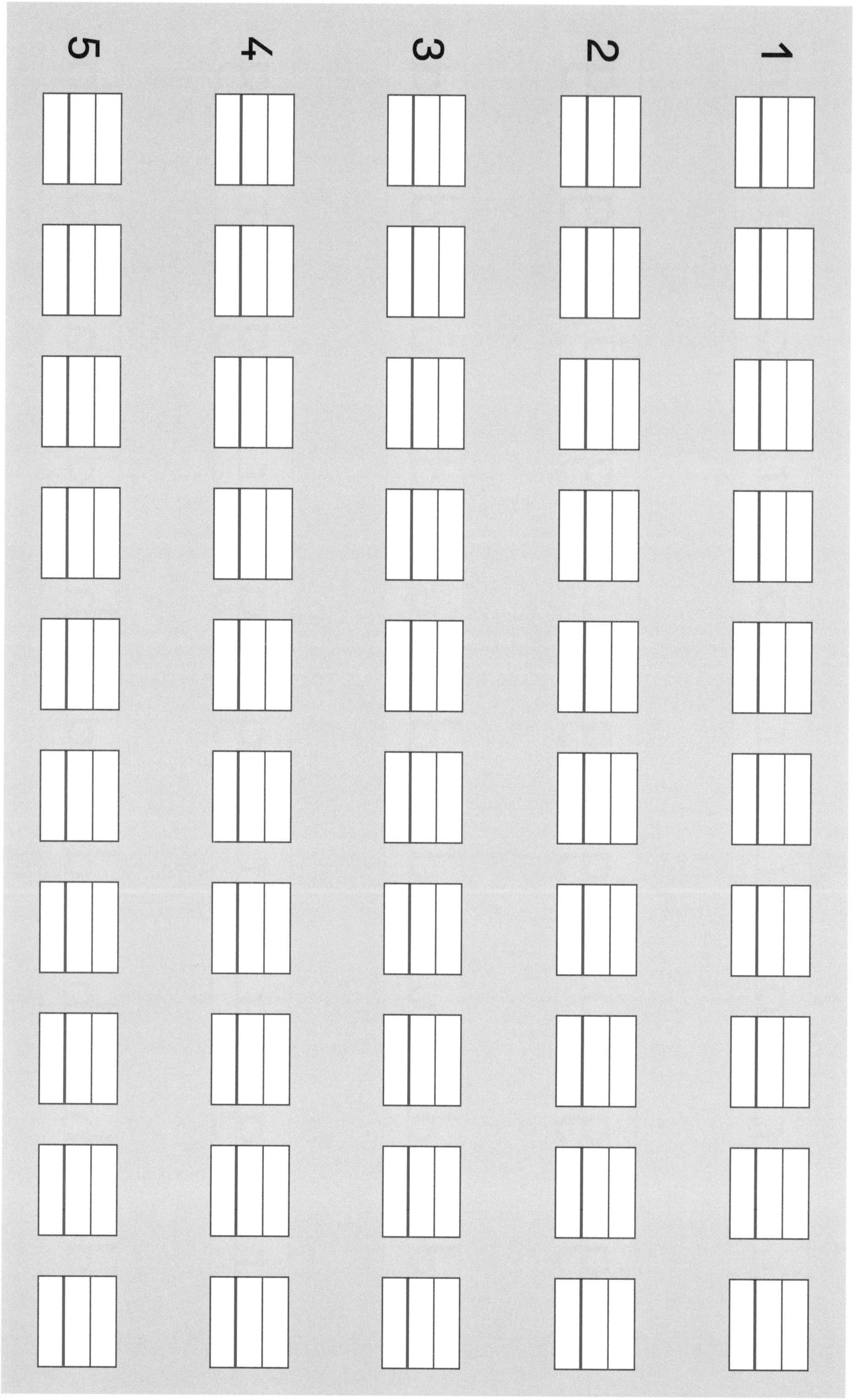

lesen · abdecken · schreiben

| ra | go | ri | gu | ga |

| hu | ha | da | ho | do |

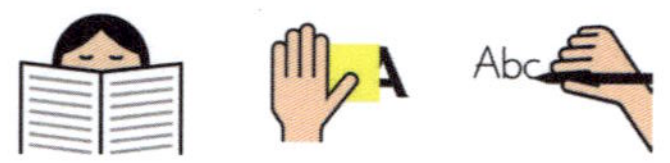

lesen · abdecken · schreiben

Diktat vorlesen · prüfen

1	ra	ri	ro	ri	ra	ro
2	go	gi	ga	gu	ga	go
3	do	da	du	ha	ho	hu
4	do	bo	do	do	bo	do
5	da	ba	ba	da	da	ba

Diktat schreiben

24

lesen · abdecken · schreiben

| das | der | wir | sind | und |

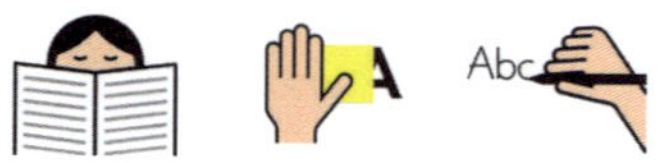

Hase	Hose	Dose	Rose	Igel

lesen • abdecken • schreiben

Diktat vorlesen · prüfen

1	Igel	Dose	Rabe	Hase	Hose
2	wo	wir	sind	und	da
3	Hase	Hose	Igel	Rabe	Dose
4	und	wir	sind	und	wo
5	der	dem	des	das	du

Diktat schreiben

Buchstaben schreiben

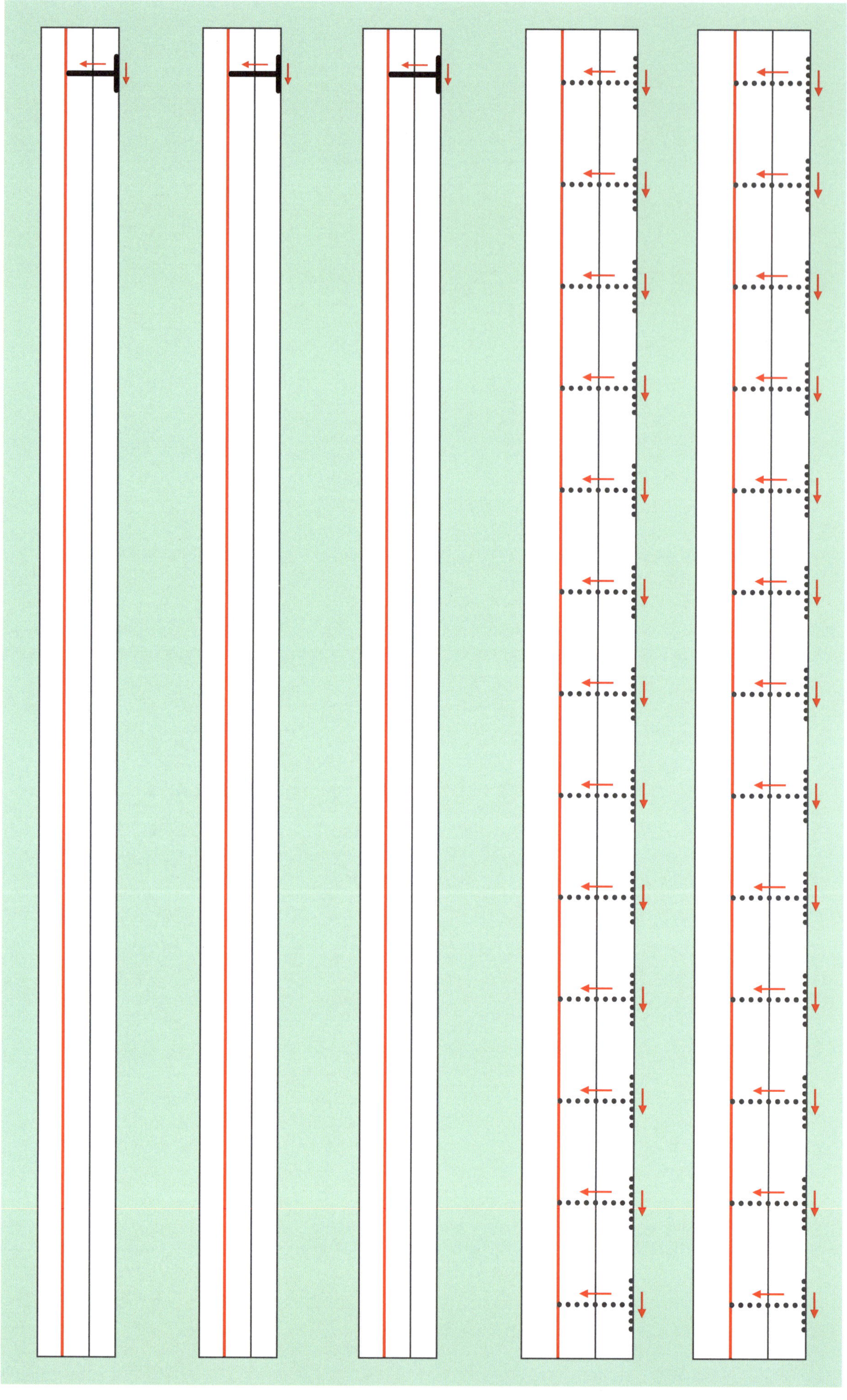

Buchstaben schreiben

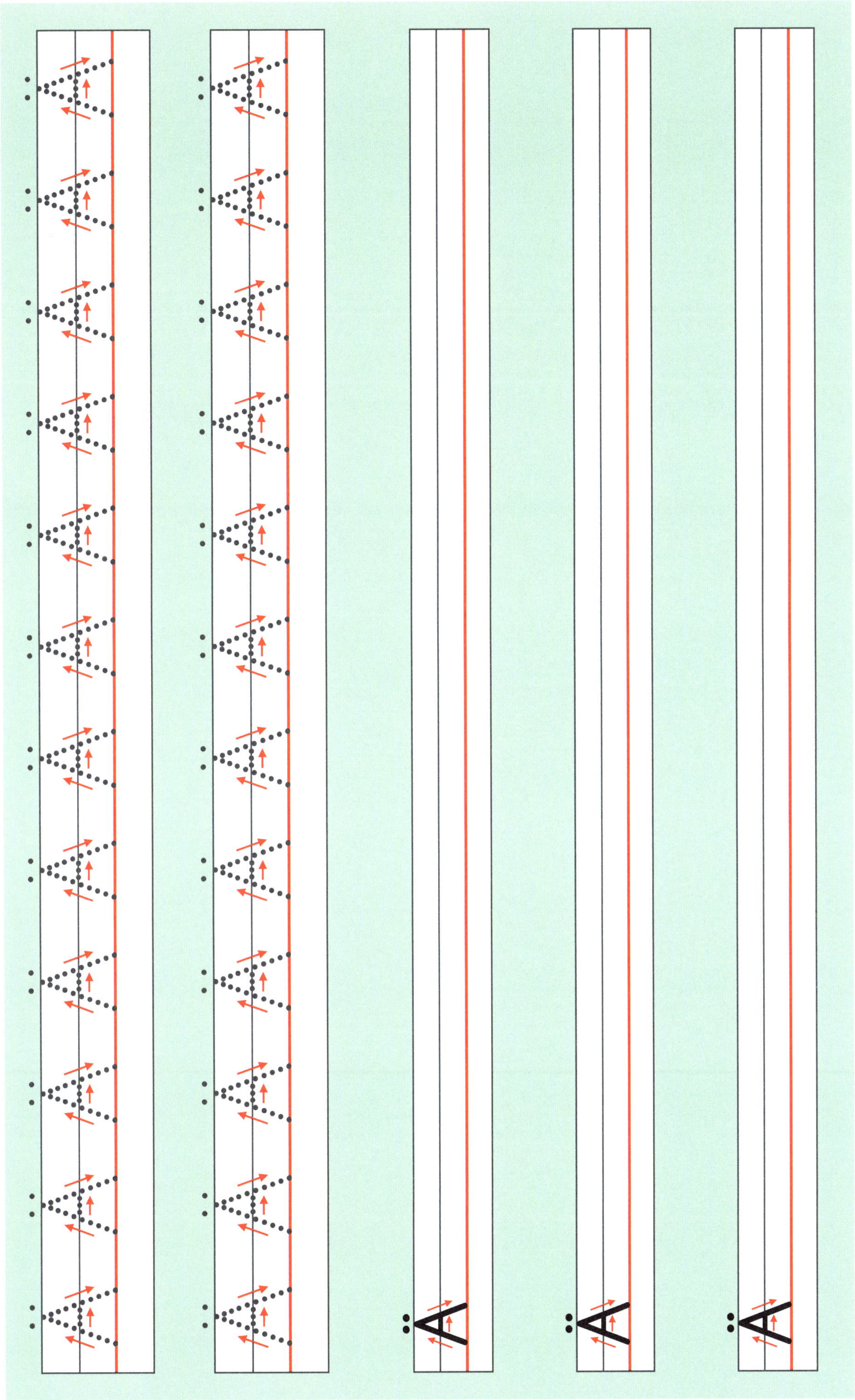

Buchstaben schreiben

31

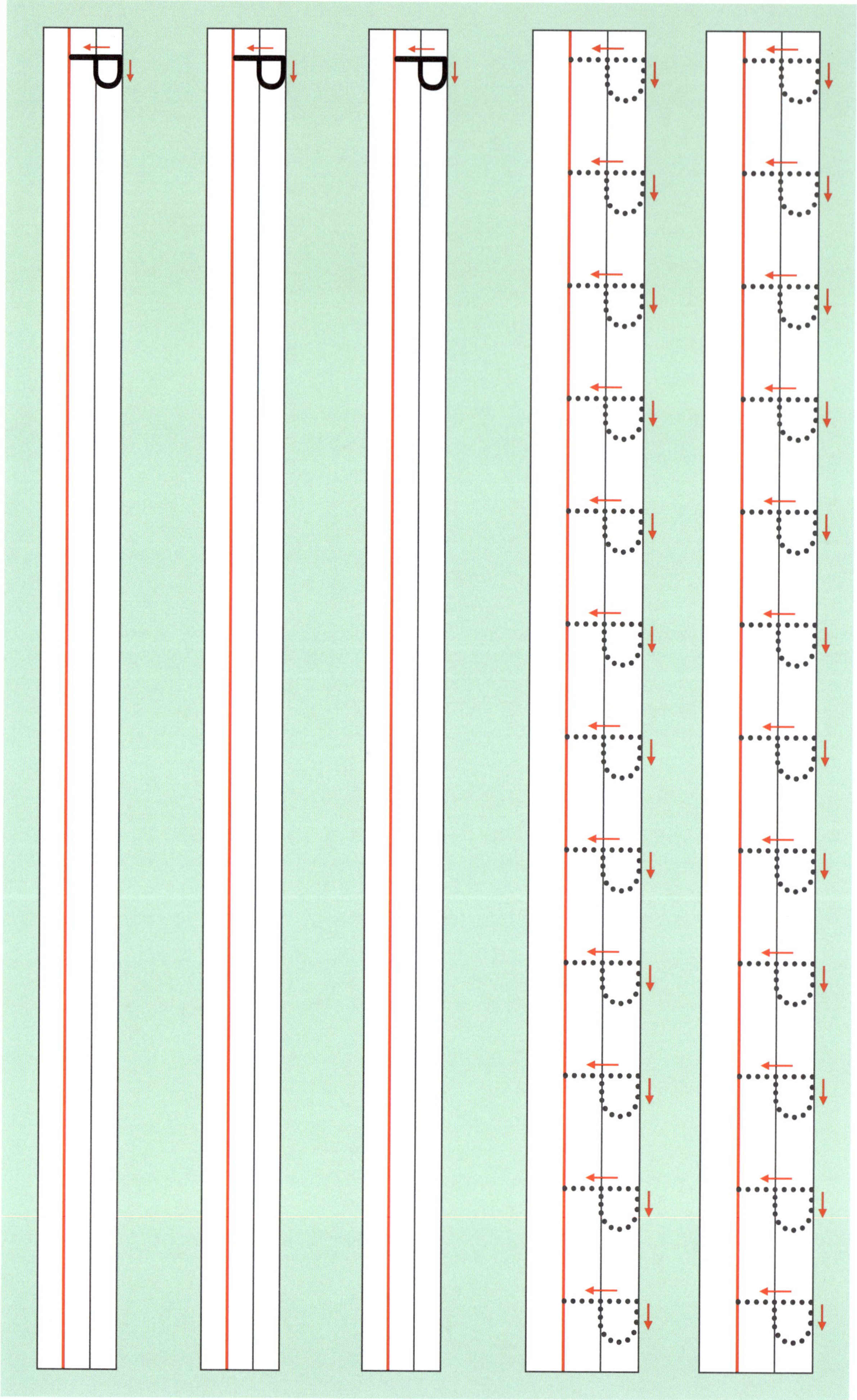

Buchstaben schreiben

lesen · abdecken · schreiben

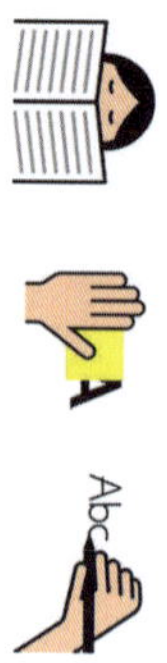

lesen • abdecken • schreiben

Diktat vorlesen · prüfen

K	K	Ä	K	Ä	K	K	Ä	K	K	1
P	P	U	P	P	P	P	U	P	P	2
T	T	Ä	T	T	Ä	T	Ä	T	T	3
T	P	T	P	P	T	T	P	P	P	4
P	K	P	P	K	P	P	K	K	K	5

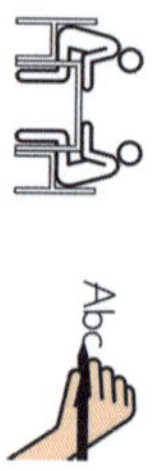

Diktat schreiben

lesen · abdecken · schreiben

ÄK   ÄT   TU   KO   GO

PÄ PU BU PA BA

lesen · abdecken · schreiben

Diktat vorlesen • prüfen

1	KI	KO	KA	KU	KO	KI
2	TO	OT	OT	OT	TO	TO
3	PA	PÄ	PÄ	PA	PÄ	PA
4	KO	KO	KO	GO	GO	GO
5	BA	BA	PA	BA	BA	PA

Diktat schreiben

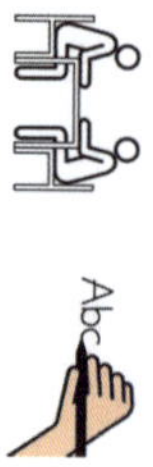

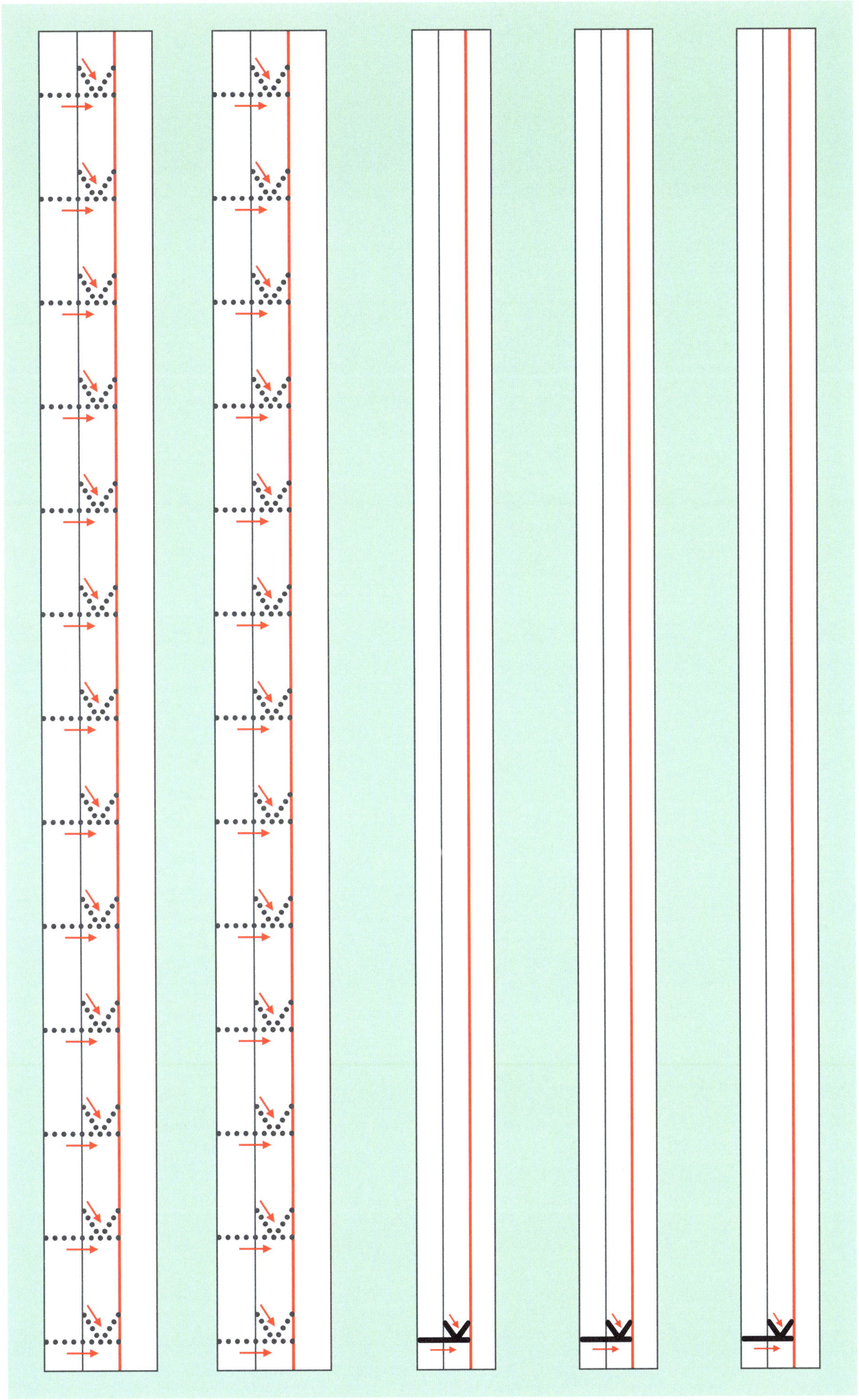

Buchstaben schreiben

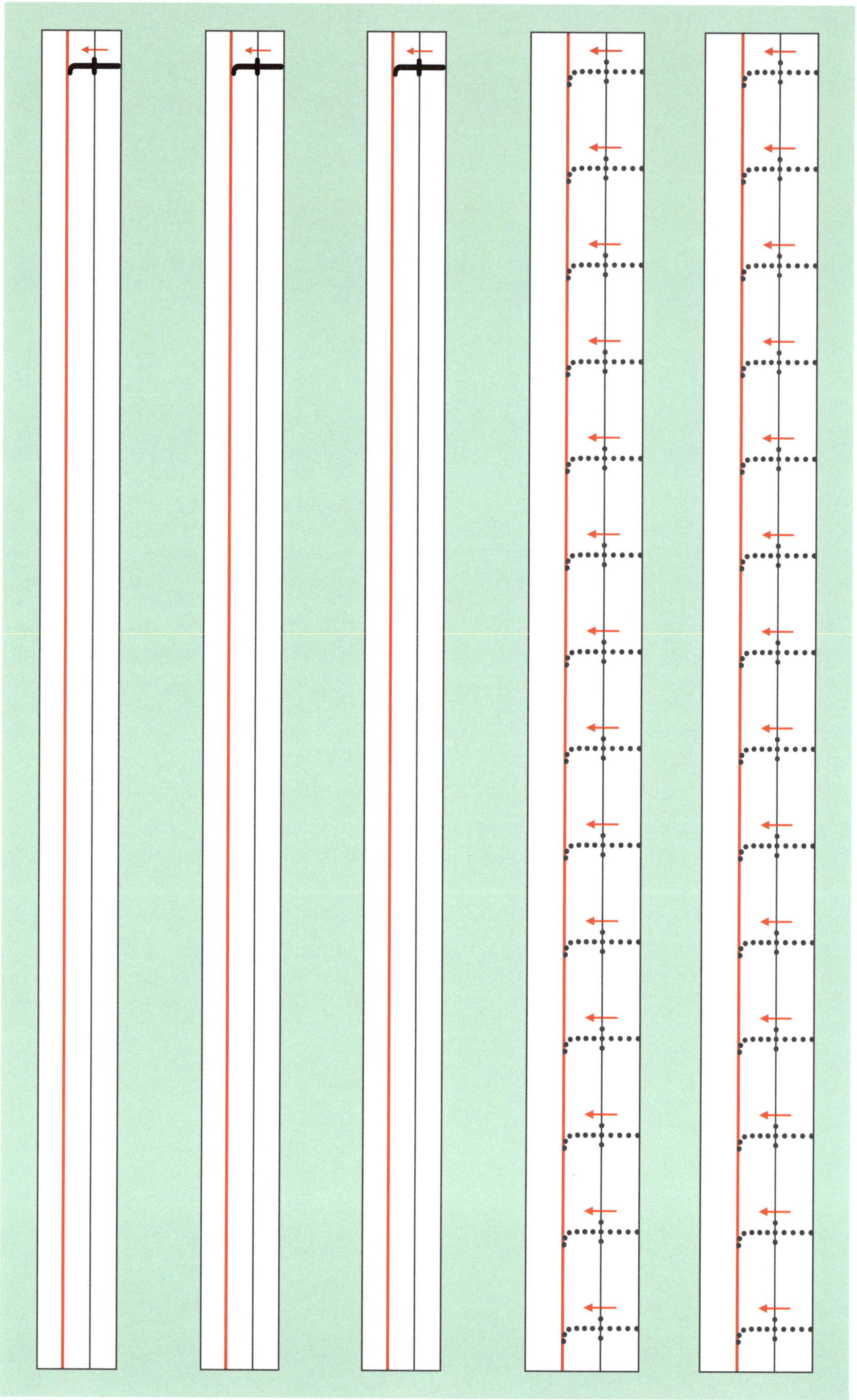

Buchstaben schreiben

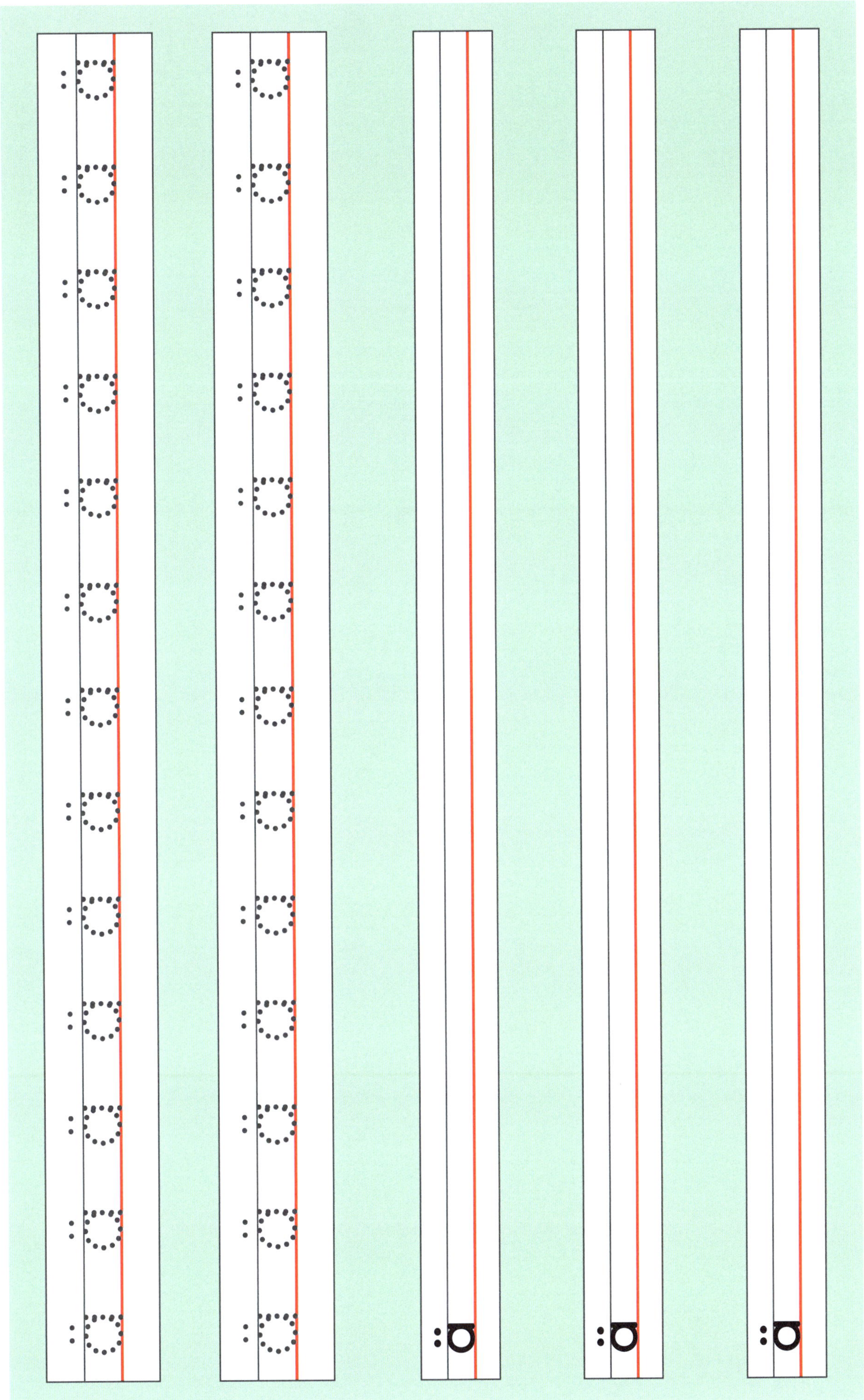

Buchstaben schreiben

43

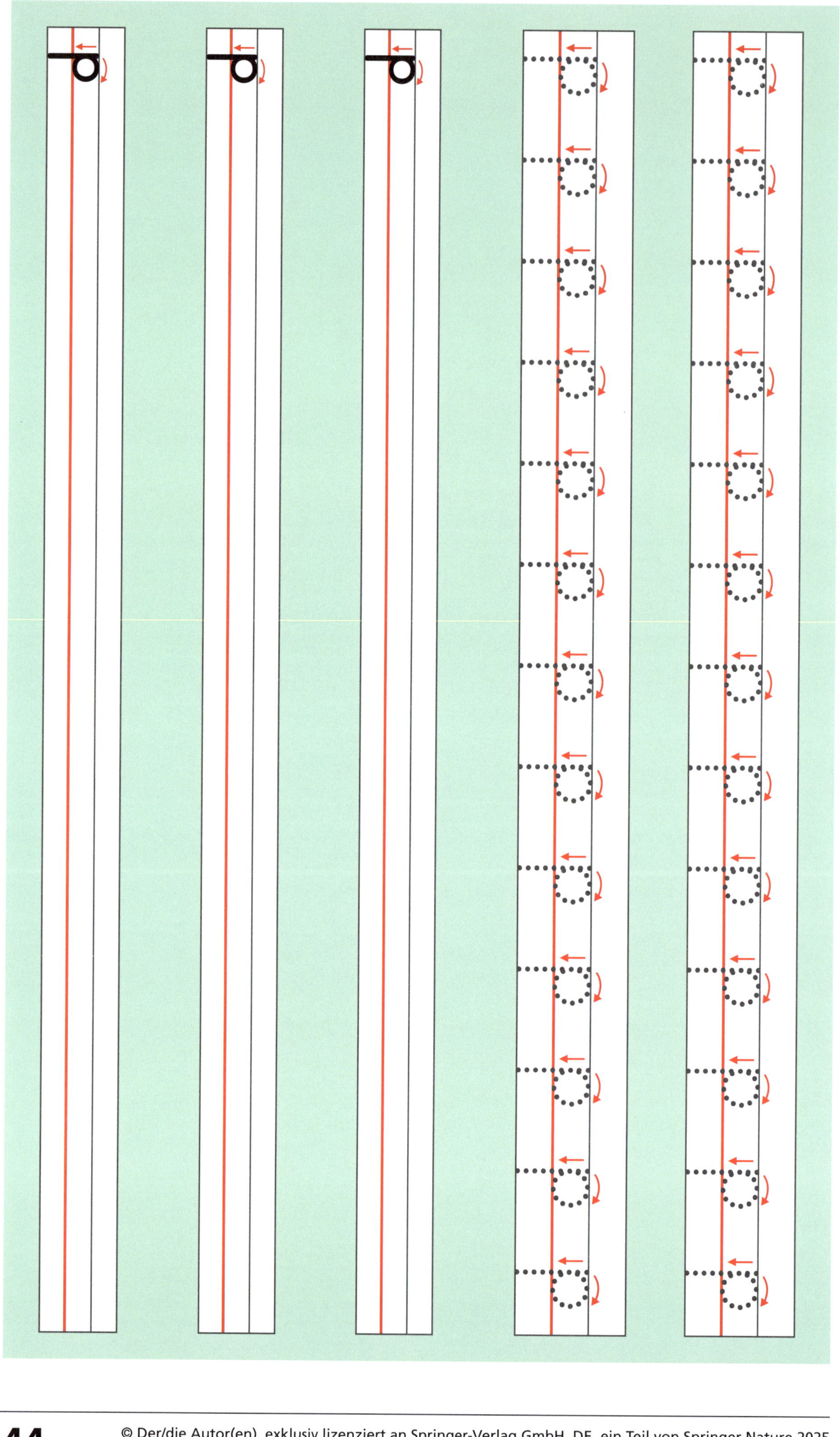

Buchstaben schreiben

44

lesen · abdecken · schreiben

k	t	k	a:	d

lesen · abdecken · schreiben

Diktat vorlesen · prüfen

1	k	k	k	ä	k	ä	k	ä	k
2	p	p	p	u	p	u	p	u	p
3	t	t	t	ä	t	ä	t	ä	t
4	p	t	t	t	p	t	p	t	t
5	k	p	p	p	k	p	k	p	k

Diktat schreiben

lesen · abdecken · schreiben

kä	tä	tu	ko	go

ba pa bu pu pä

lesen • abdecken • schreiben

Diktat vorlesen • prüfen

1	ki	ko	ka	ku	ko	ki
2	to	to	to	to	to	to
3	pa	pä	pä	pa	pä	pa
4	go	ko	ko	go	go	ko
5	ba	pa	pa	ba	ba	pa

Diktat schreiben

lesen · abdecken · schreiben

| ist | rot | mit | hat | gut |

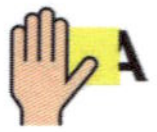

Papa

Opa

Hupe

Bär

Säge

lesen • abdecken • schreiben

Diktat vorlesen · prüfen

1	ist	rot	mit	hat	gut
2	mit	rot	ist	gut	hat
3	gut	rot	ist	hat	mit
4	Papa	Opa	Opa	Papa	Mama
5	Hupe	Säge	Bär	Hupe	Säge

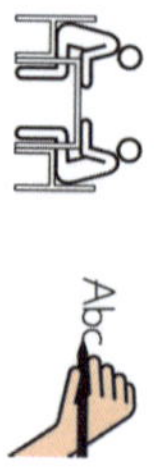

Diktat schreiben

1

2

3

4

5

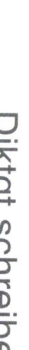

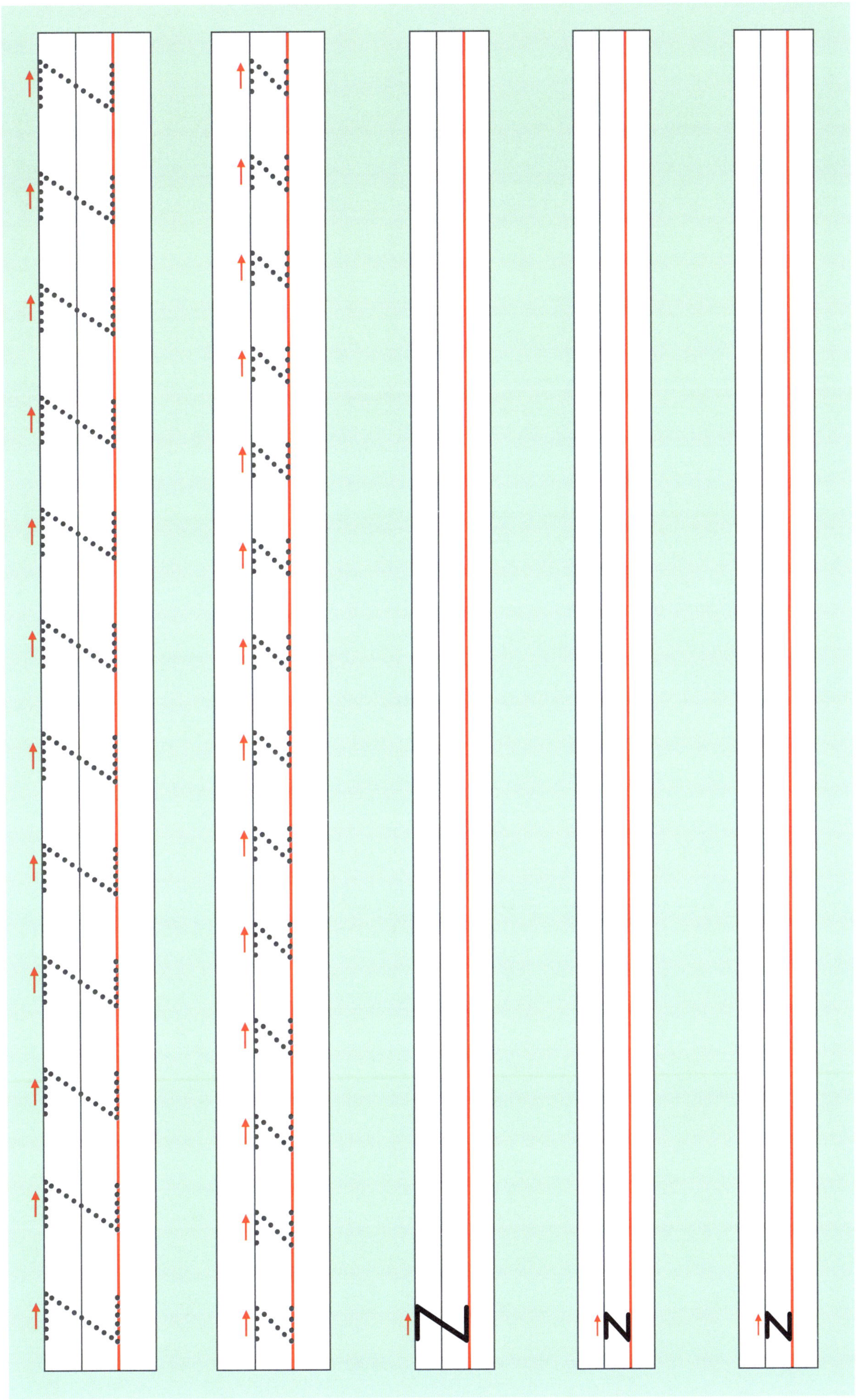

Buchstaben schreiben

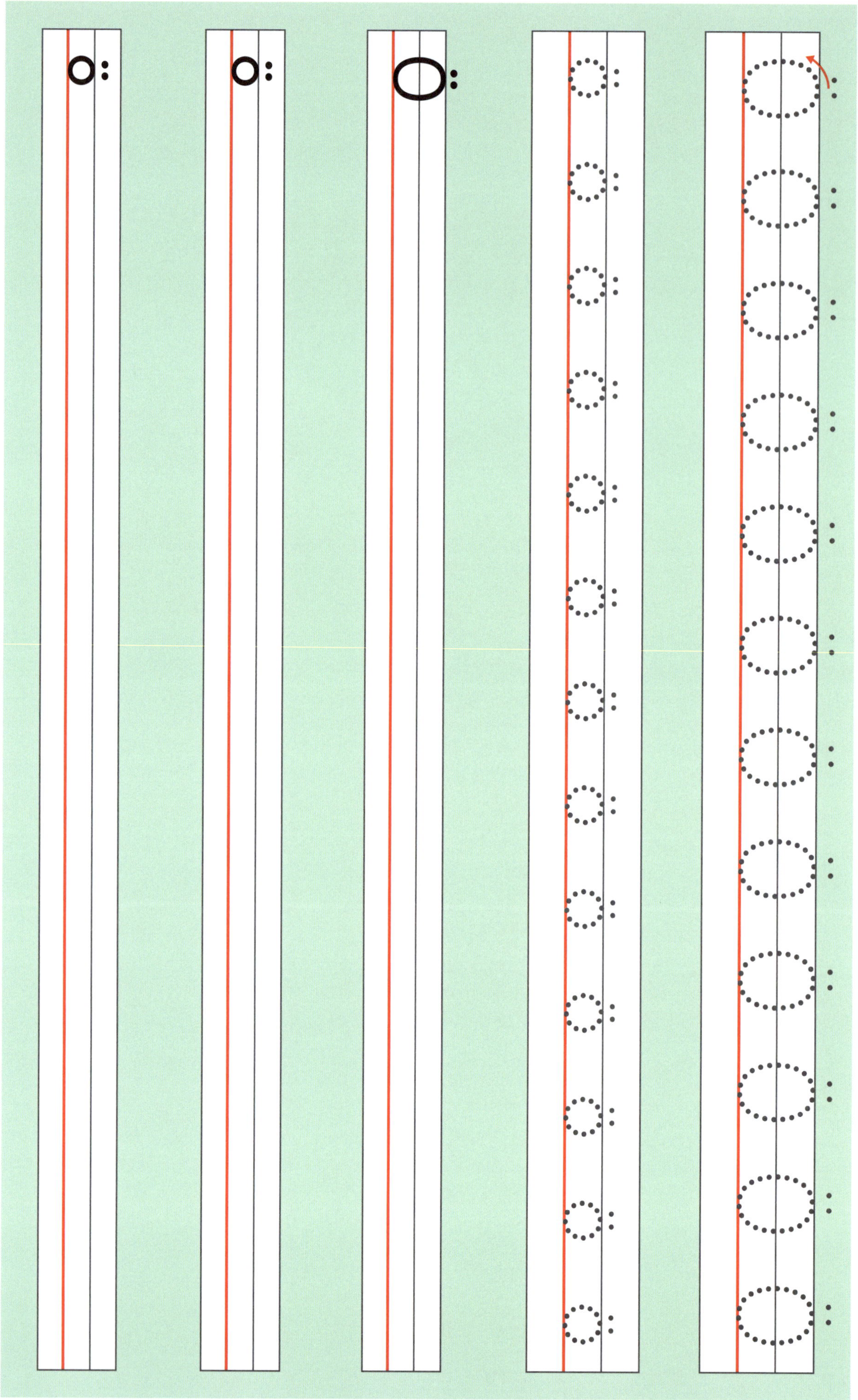

Buchstaben schreiben

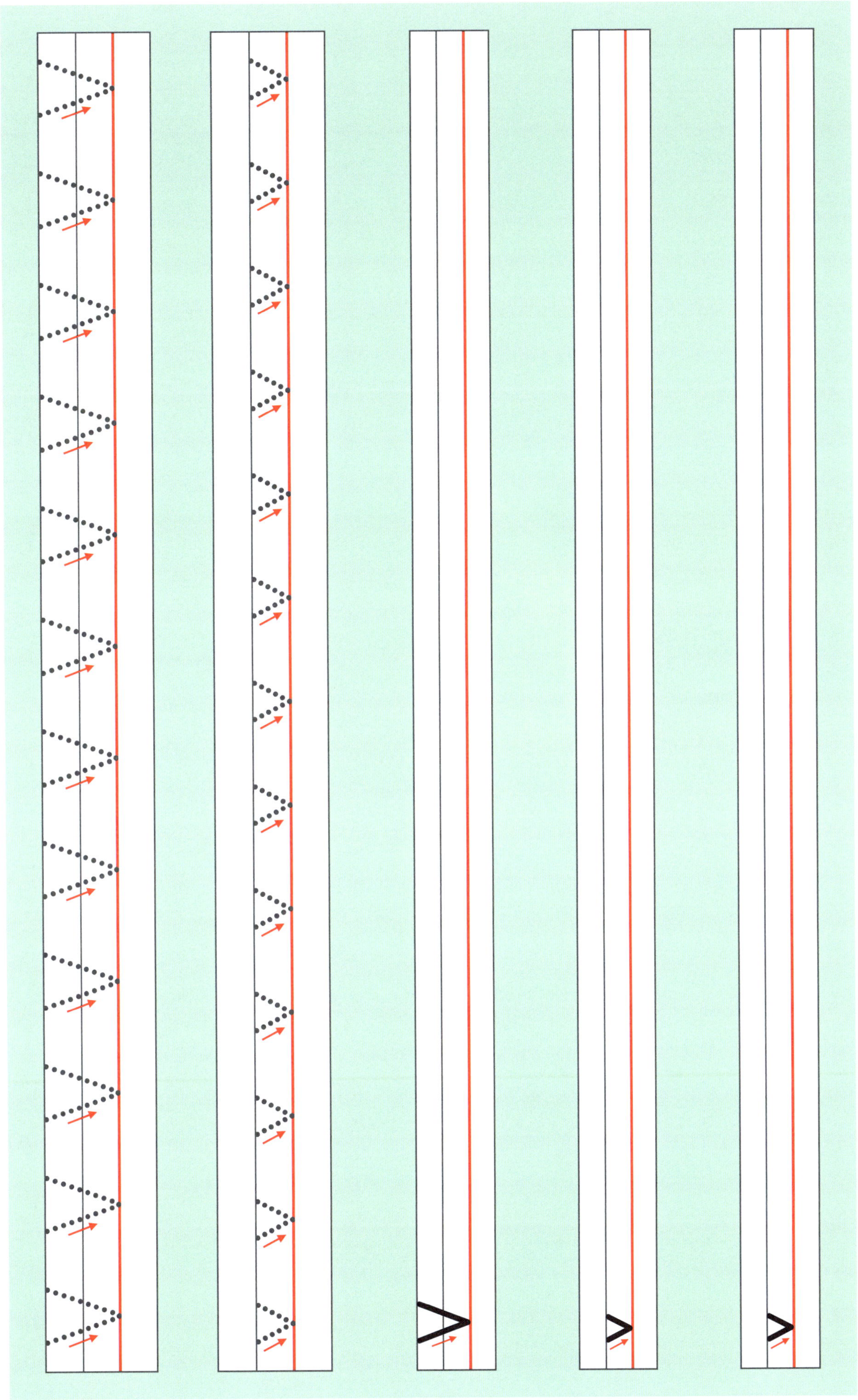

Buchstaben schreiben

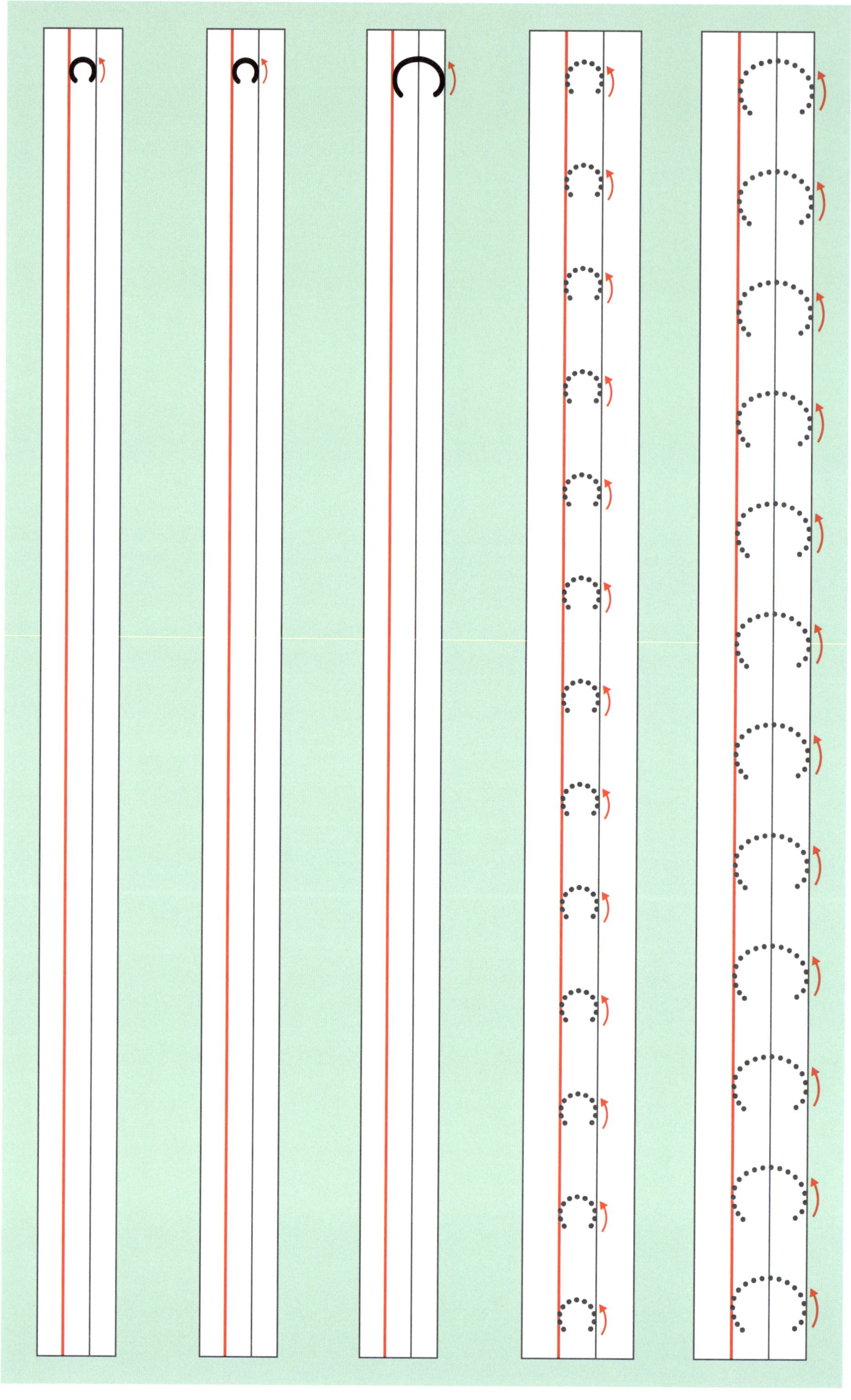

F. Jansen, U. Streit, A. Fuchs, *Schreiben lernen nach dem IntraActPlus-Konzept*

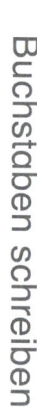

lesen · abdecken · schreiben

N Ö V C N

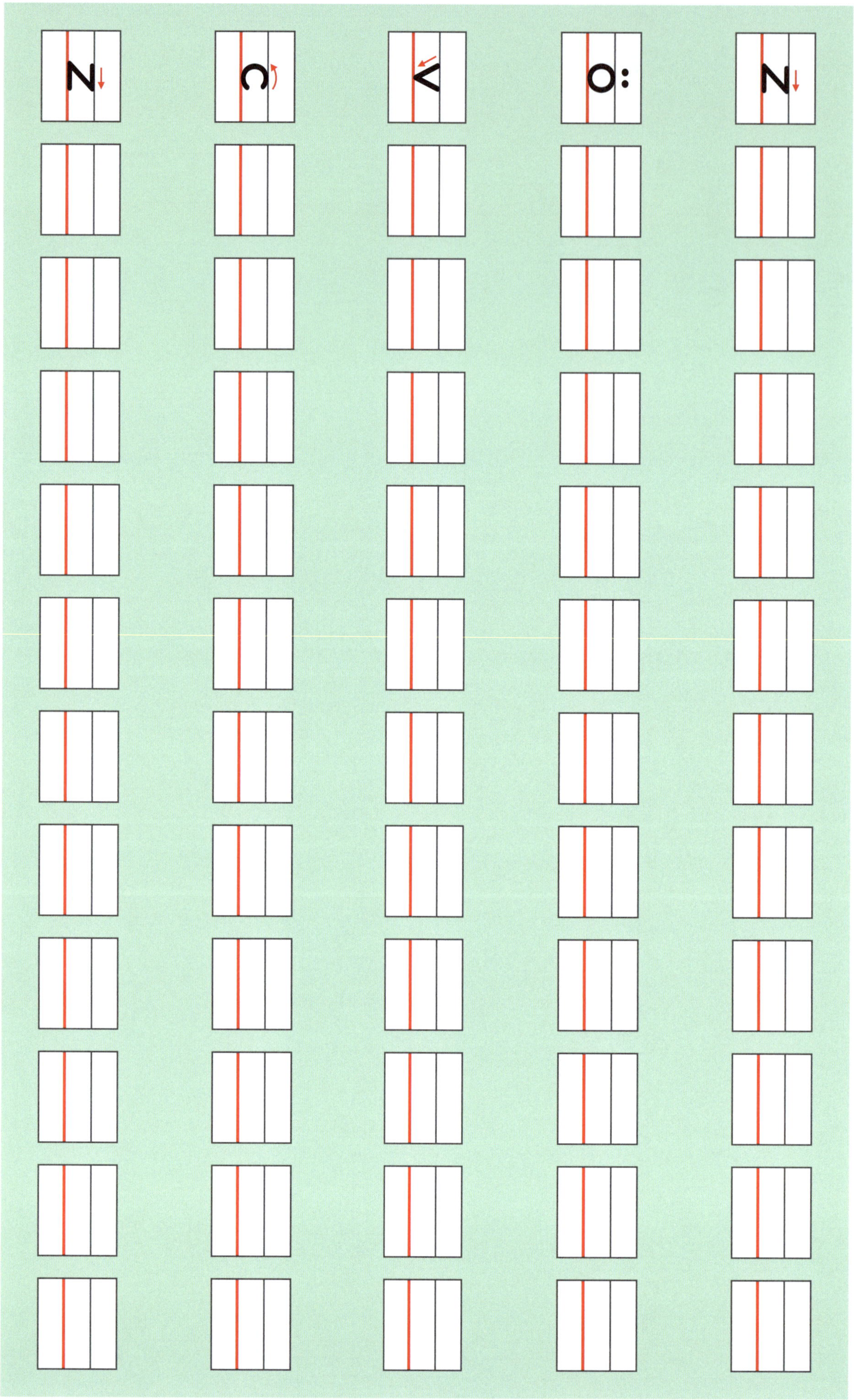

lesen • abdecken • schreiben

| zum | von | vor | Zug | Zebra |

Löwe	Möwe	Vogel	Vater	Cola

lesen · abdecken · schreiben

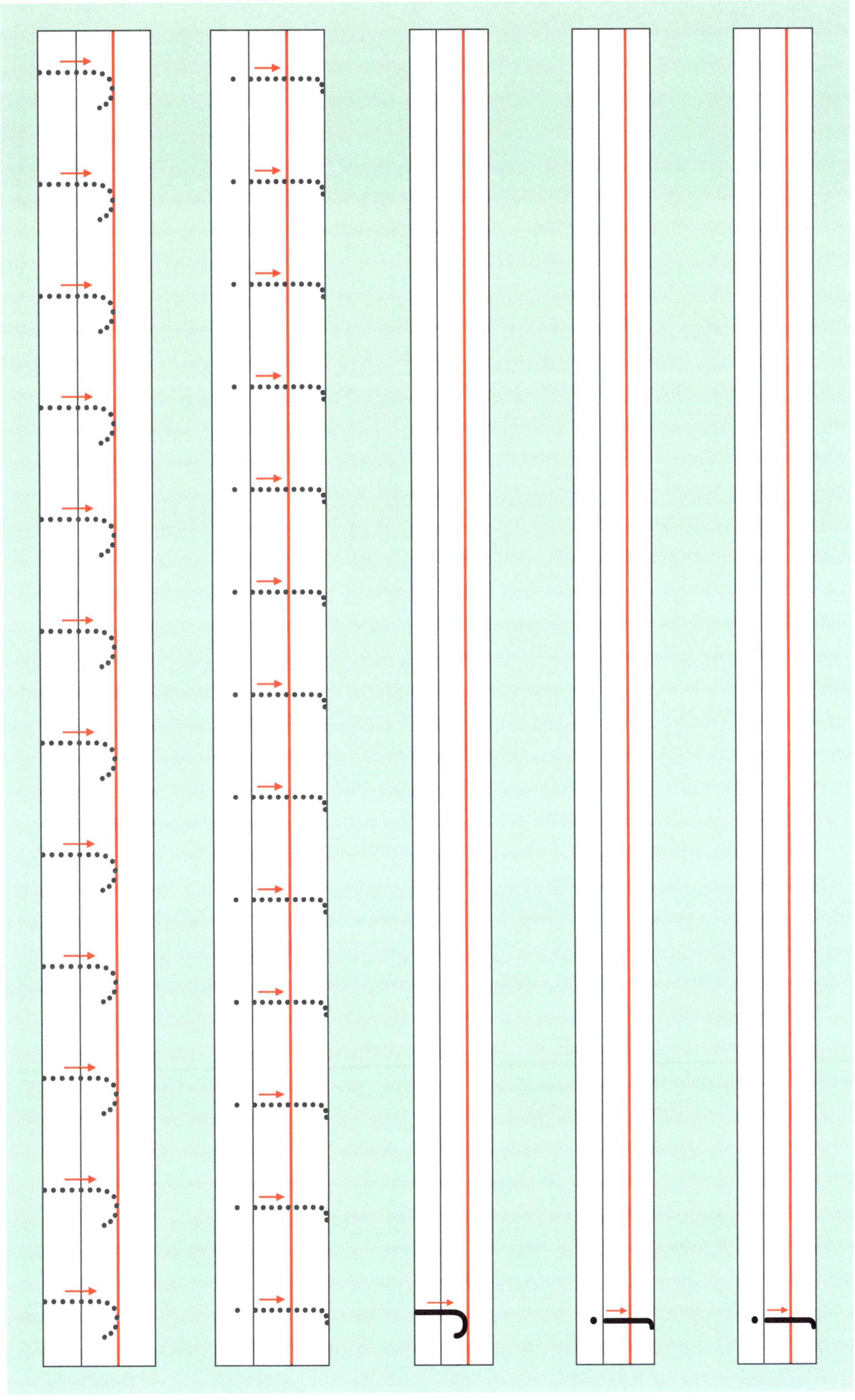

Buchstaben schreiben

65

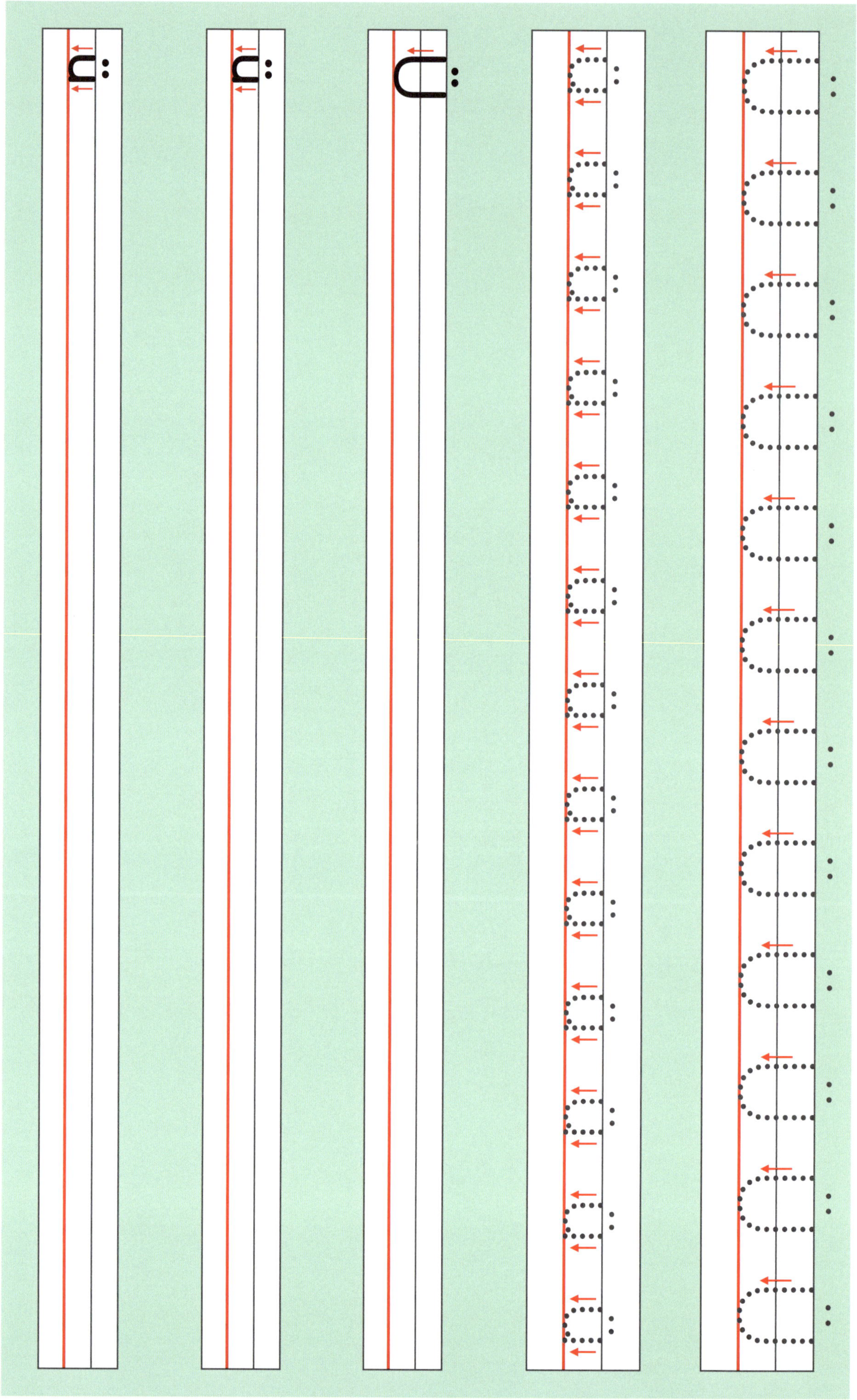

Buchstaben schreiben

Buchstaben schreiben

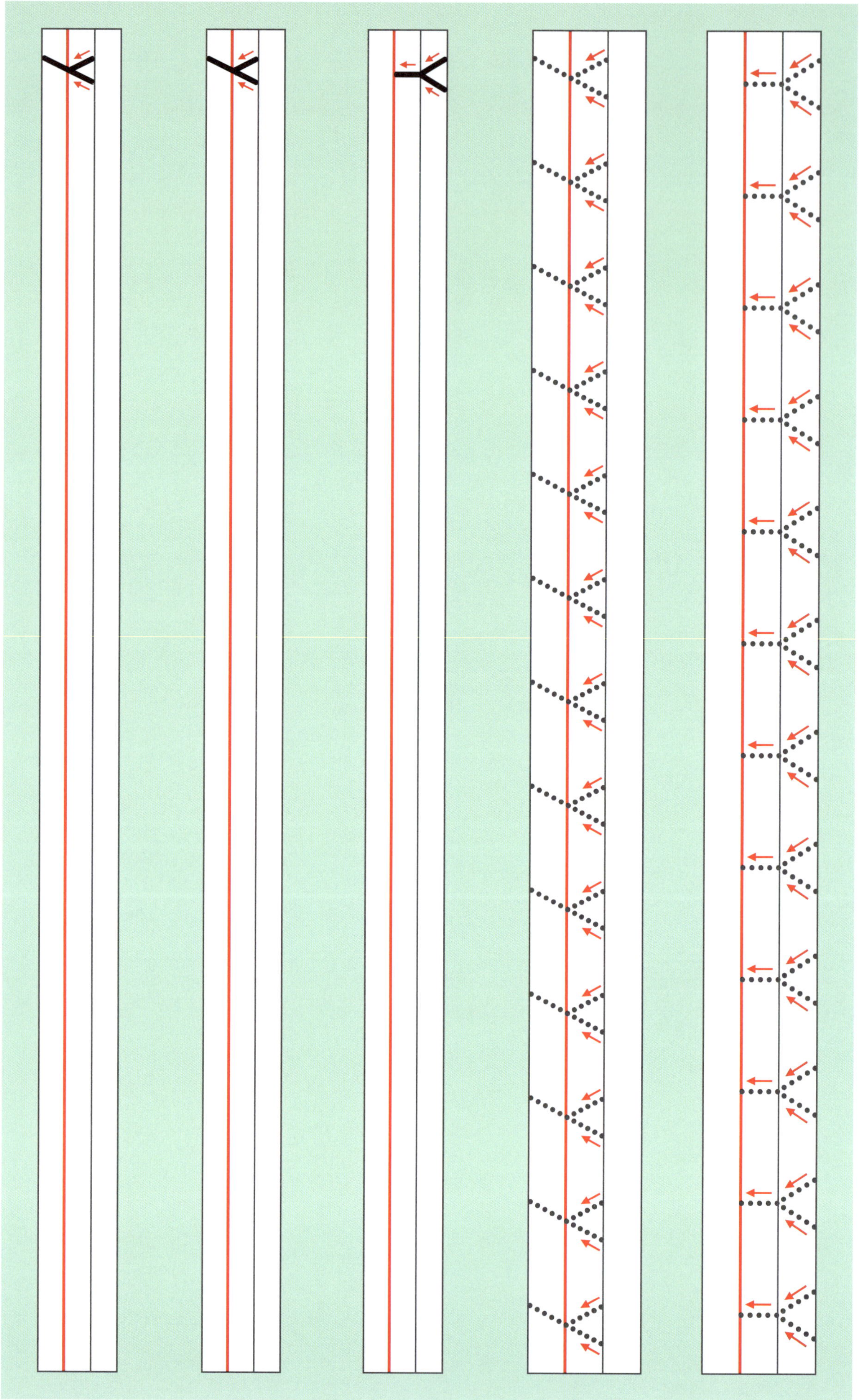

Buchstaben schreiben

lesen · abdecken · schreiben

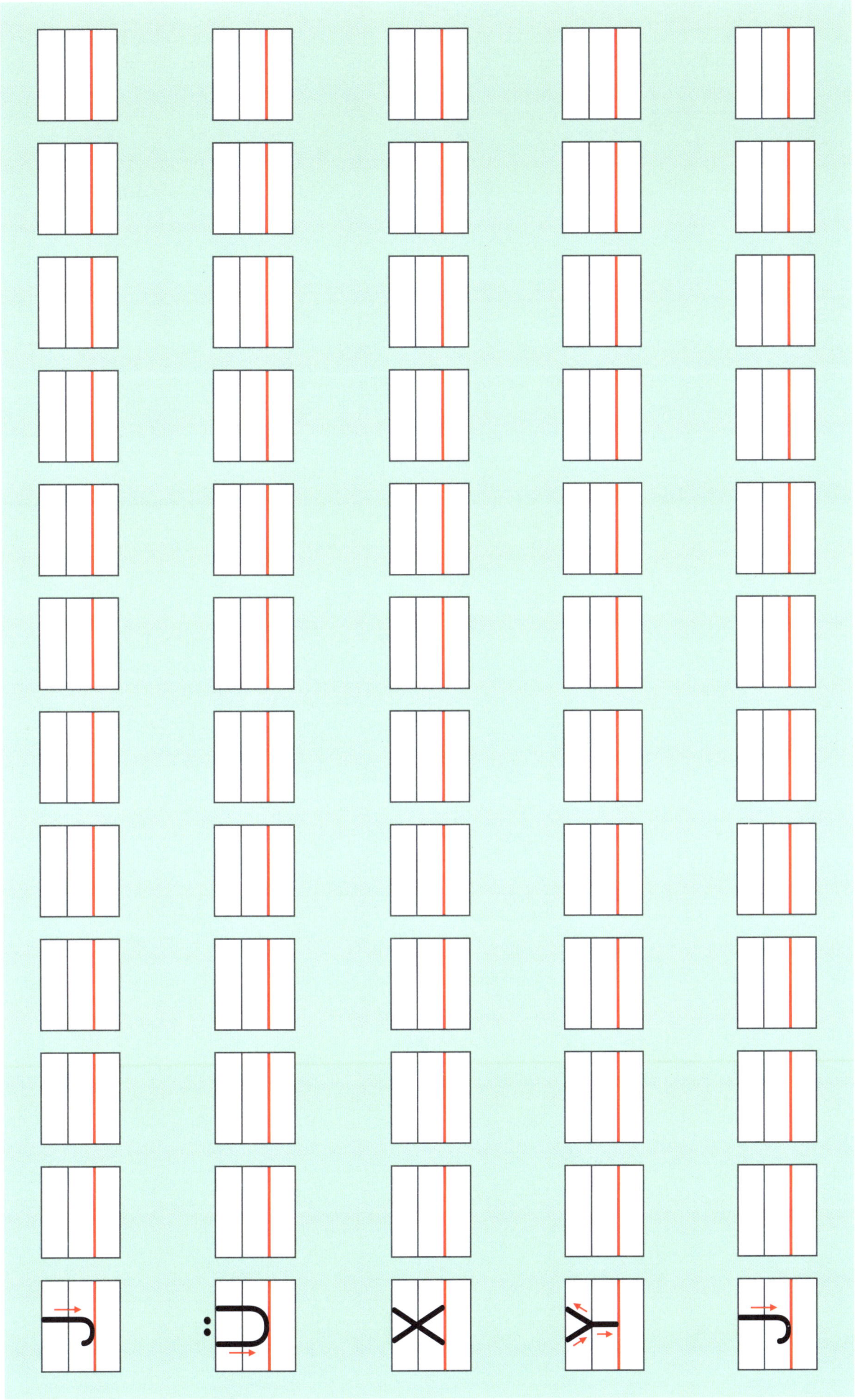

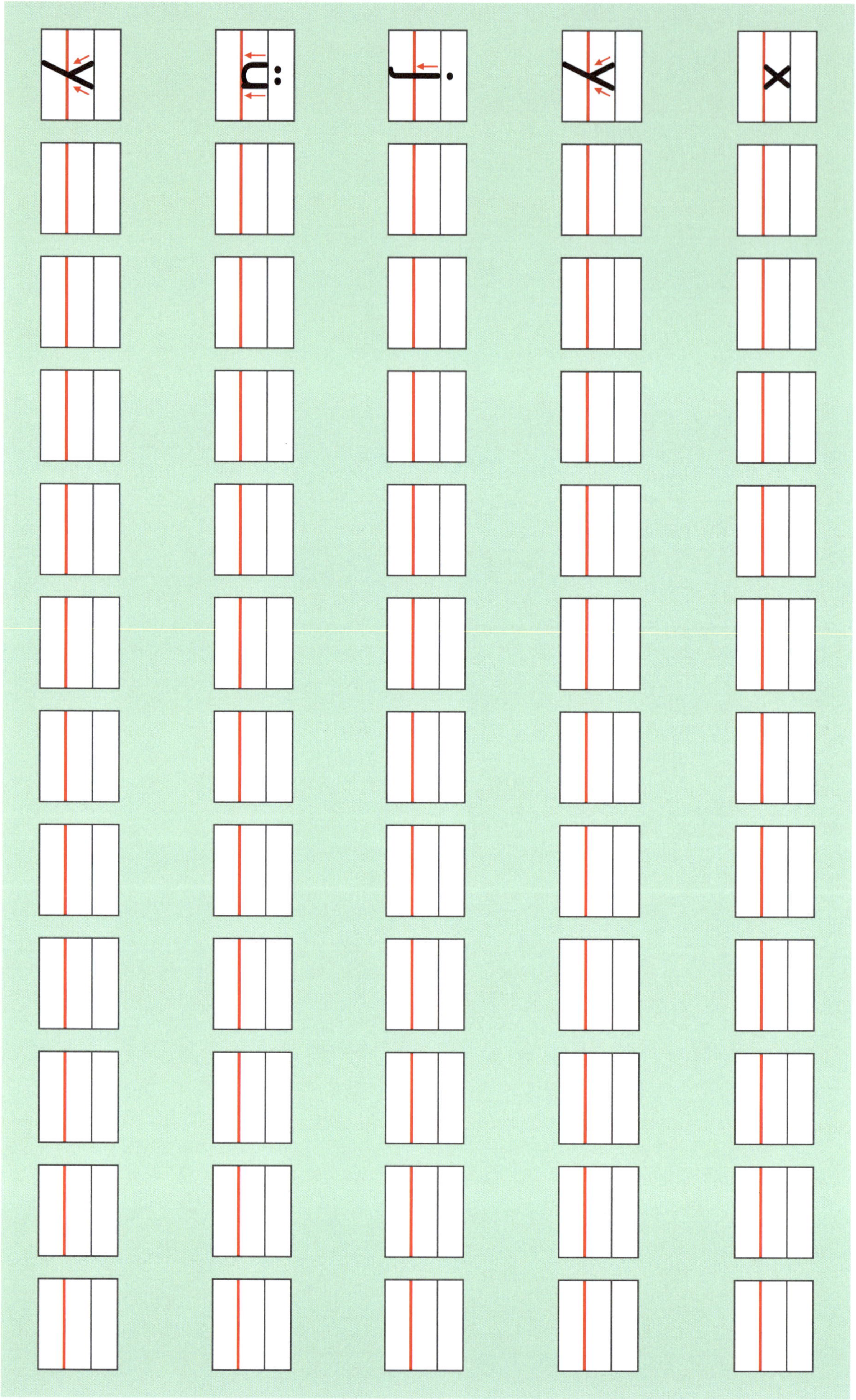

lesen · abdecken · schreiben

ja	jede	fünf	grün	über

Taxi Axt Max Pony Baby

lesen · abdecken · schreiben

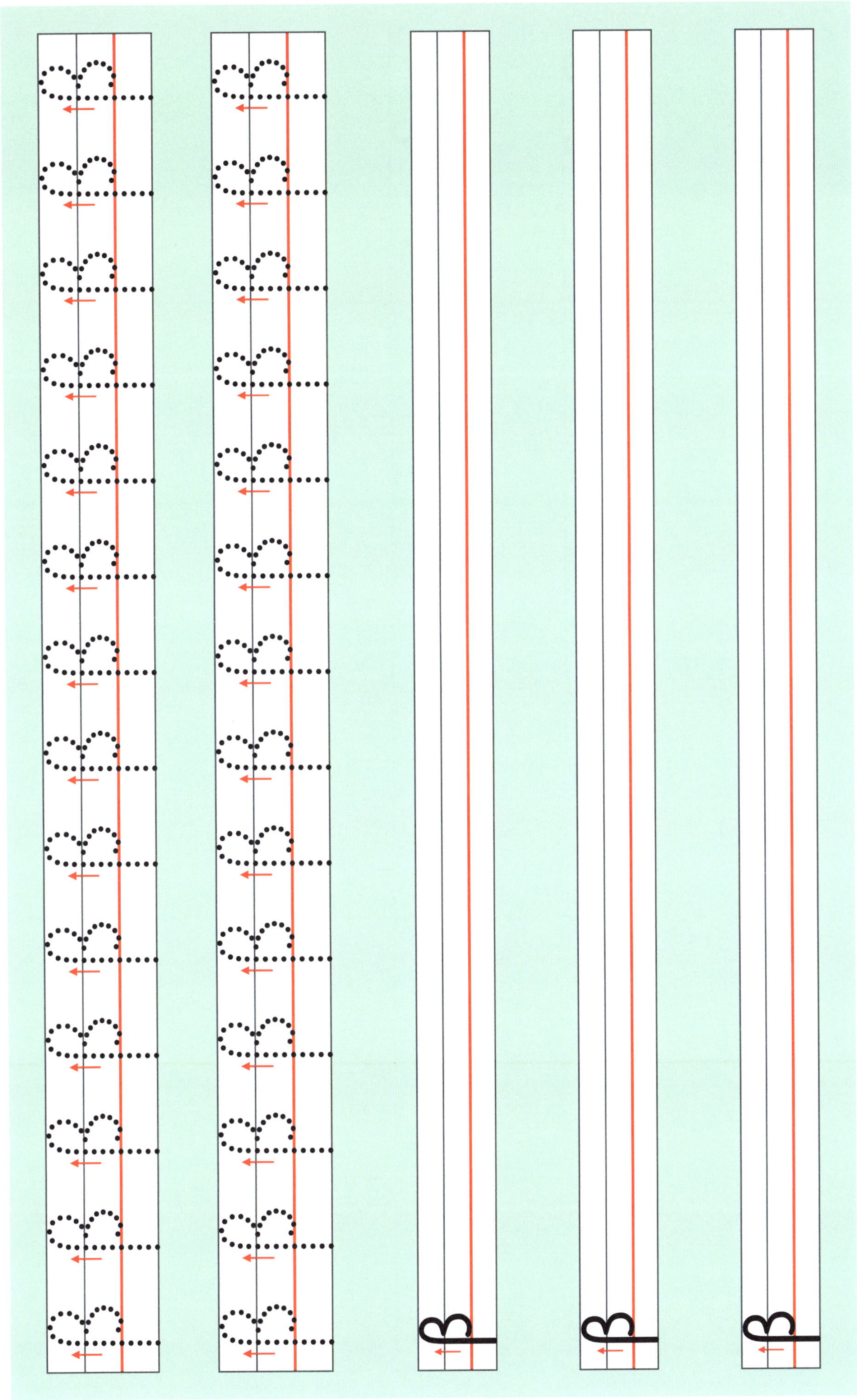

Buchstaben schreiben

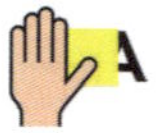

Fuß groß süß Soße Spaß

lesen · abdecken · schreiben

lesen • abdecken • schreiben

| Fuß | Füße | Gruß | Grüße | Größe |

ein | eine | eins | zwei | drei

lesen · abdecken · schreiben

| mein | dein | klein | Eis | Eimer |

Sch | Sch | sch | sch | sch

lesen · abdecken · schreiben

lesen · abdecken · schreiben

schon

schön

Tisch

Fisch

Schaf

F. Jansen, U. Streit, A. Fuchs, *Schreiben lernen nach dem IntraActPlus-Konzept*

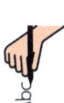

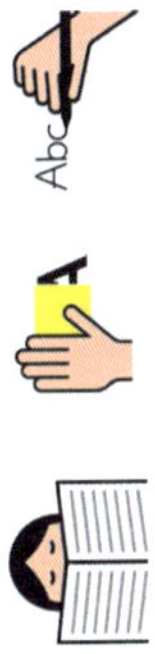

rasch schön Busch Schaf Schal

lesen · abdecken · schreiben

Diktat vorlesen • prüfen

1	ein	eine	zwei	drei	mein
2	schon	schön	fein	klein	rasch
3	Eis	Eimer	Eis	Eimer	Eis
4	Tisch	Fisch	Schaf	Busch	Schaf
5	Schaf	Eimer	Eis	Fisch	Tisch

Diktat schreiben

lesen · abdecken · schreiben

auf   aus   raus   laut   blau

| Frau | Zaun | Haut | Maus | Laus |

lesen · abdecken · schreiben

lesen · abdecken · schreiben

Auto   Auge   Baum   Haus   Laub

teuer	heute	neun	neu	eu

lesen · abdecken · schreiben

lesen · abdecken · schreiben

Eule Euro Heu Beule Leute

laut · neu · blau · heute · kaum

lesen · abdecken · schreiben

Diktat vorlesen · prüfen

1	auf	laut	raus	kaum	blau
2	Frau	Zaun	Auge	Baum	Auto
3	Euro	Eule	Beule	Heu	Leute
4	Raum	Frau	Maus	Haut	Laus
5	neu	heute	neun	teuer	heute

Diktat schreiben

lesen · abdecken · schreiben

| ich | mich | dich | sich | auch |

| Buch | Loch | Bach | wach | nach |

lesen · abdecken · schreiben

Diktat vorlesen · prüfen

1	ich	mich	dich	sich	auch
2	Buch	Bach	Loch	Dach	Buch
3	auch	wach	nach	auch	mich
4	mich	dich	sich	nach	ich
5	Dach	Loch	Buch	Bach	Dach

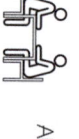

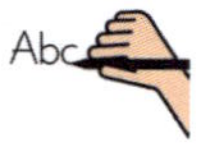

Diktat schreiben

1

2

3

4

5

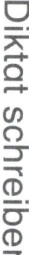

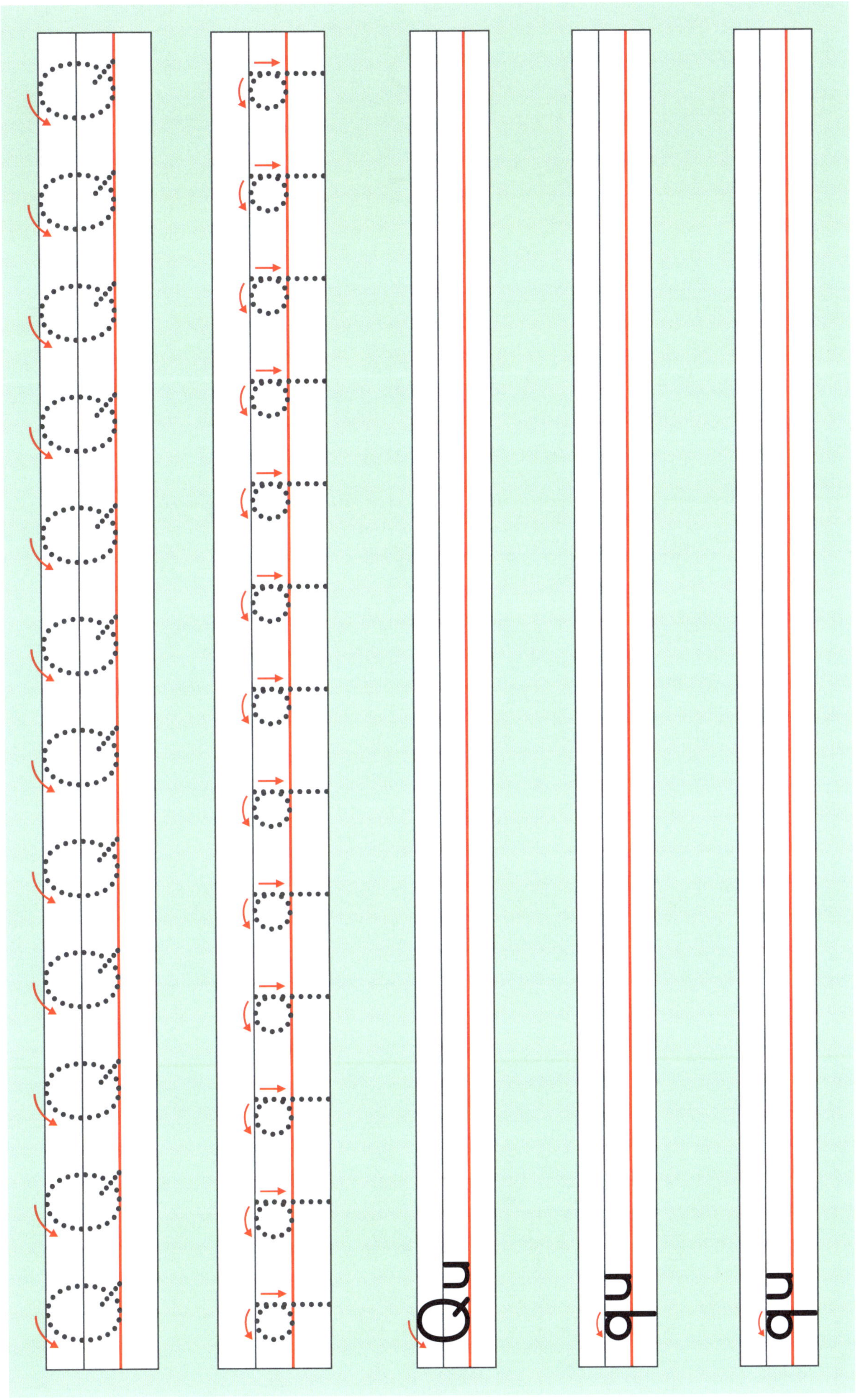

Buchstaben schreiben

Qualle | Qualm | Qualle | Quark | quer

lesen · abdecken · schreiben

lesen · abdecken · schreiben

Rock

Sack

Jacke

Decke

Socke

Sp Sport Spaß sp spät

lesen · abdecken · schreiben

lesen • abdecken • schreiben

Maus | Mäuse | Laus | Läuse | Säule

ie	die	lieb	viel	hier

lesen · abdecken · schreiben

St Stern Stein st still

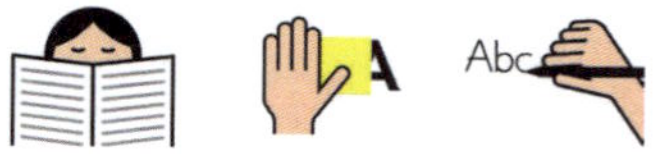

ng | eng | lang | Ring | Ding

lesen · abdecken · schreiben